はじめに

　説明文の授業は授業者にとってはやりやすいが、子どもたちにはあまり好まれないという声を聞く。確かに、説明文の【読み方】は系統性が明確であり、かつ教科書の説明文教材は、そのほとんどが身につけたい力に沿って書き下ろされた文章であるため、指導しやすい。その分、学習者の意識がなおざりにされたり、子どもに教材研究をさせるかのような授業に陥りやすい傾向がある。

　授業づくりは「たい」と「とげ」がポイントだと常々、考えている。「たい」は、「読みたい」「知りたい」「話したい」「書きたい」など、「〜したい」という意欲である。「とげ」は、「やり遂げる」達成感を指す。単元導入の意欲を持続させながら、最後には成就感や満足感を味わわせる授業を目指したい。達成感を味わうことが、次の単元の意欲につながる。

　それにはまず、学習者の意識に立って単元を構想する必要がある。1年生の説明文の授業を思い起こすとき、子どもが困るのは、「じどう車くらべ」での『図鑑づくり』である。〈しごと〉と〈つくり〉の関係を理解できない子どもが必ず出てしまうのである。〈問い〉と〈答え〉という【読み方】は理解できている。それでもつまずくのは、〈しごと〉と〈つくり〉の因果関係を理解するのが難しいからに他ならない。因果関係は【思考】の様相である。こうしてたどり着いたのが、学習者の【思考】に着目した授業づくりである。

　平成29年度版「学習指導要領」でも、「読むこと」を含む3領域は、〔思考力・判断力・表現力等〕の中に位置づけられた。また、〔知識及び技能〕の「2,情報の扱い方に関する事項」には【思考】に関する指導事項が示されている。とは言え、【思考】だけを取り立てて教えることはできない。教材の特性と【読み方】【思考】そして指導の手立てとが密接に関わりながら、授業はつくられる。さらに、子どもが主体的に学ぶには、既習事項や活動経験を子ども自身がつなげ、活用させることが必要である。つまり、単元同士をどのようにつなげ、スパイラルな学びを実現するかにかかっているのである。

　本書では、年間を通して三つの説明文単元を1冊にまとめ、単元同士のつながりを提案させていただいた。28ページの一覧表と照らし合わせながら実践記録をお読みいただきたい。

　本書に登場した子どもたちは、その後も説明書づくりや「がまくん・かえるくんシリーズ」の創作などいくつかの本づくりを行った。その奥付の著者紹介には、これまでに書いた書籍として「くちばしクイズブック」「じどう車図鑑」「どうぶつの赤ちゃん図鑑」が並んでいる。また、授業以外にも進んで図鑑を作る子どもが目立つ。授業者にとって、子どもたちの言語生活に学んだことが根づいていることを感じることができるのは嬉しいことである。

　最後になりましたが、三つの単元を1冊にするという無理な願いを受け入れ、年間を通して全授業を追い続けてくださいました東洋館出版社の西田亜希子様には大変お世話になりました。感謝申し上げます。

平成30年6月

筑波大学附属小学校　青山由紀

目 次

はじめに　1

Ⅰ章　板書で見る「くちばし」「じどう車くらべ」「どうぶつの赤ちゃん」

「くちばし」
第1・2時の授業の板書 ──────────────────────6
第3時の授業の板書 ──────────────────────7
第4・5時の授業の板書 ──────────────────────8
第6・7時の授業の板書 ──────────────────────9
「じどう車くらべ」
第1・2時の授業の板書 ──────────────────────11
第3・4時の授業の板書 ──────────────────────12
第5・6時の授業の板書 ──────────────────────13
第7・8時の授業の板書 ──────────────────────14
「どうぶつの赤ちゃん」
第1・2時の授業の板書 ──────────────────────16
第3・4時の授業の板書 ──────────────────────17
第5時の授業の板書 ──────────────────────18
第6・7時の授業の板書 ──────────────────────19

Ⅱ章　「くちばし」「じどう車くらべ」「どうぶつの赤ちゃん」単元構想

説明文における〔読み方〕と〔思考〕の系統 ──────────22
単元指導における実際 ──────────────────────23
単元計画 ──────────────────────29

Ⅲ章　「くちばし」全時間の授業

第1時　**素材への興味をもたせる**
　　　　──くちばしの形を比べて、その違いへの意識をもつ── ────34
第2時　**説明文の内容を捉える（1）**
　　　　──説明の流れを押さえながら、〈きつつき〉の事例の視写を完成させる── ────40
第3時　**説明文の内容を捉える（2）**
　　　　──説明の流れを押さえながら、〈おうむ〉の事例の視写を完成させる── ────46
第4時　**全体の構成をつかむ**
　　　　──各文の役割や構成をつかみ、〈はちどり〉の事例を視写する── ────58
第5時　**ほかの鳥について、クイズ形式の説明文を書く**
　　　　──リライト資料から情報を読みとり、「くちばし」の説明の仕方に則った説明文を
　　　　書く── ────66

第**6**時 目的に沿って説明文を作る
　　　　―＜ダイシャクシギ＞のクイズブックを完成させる―――――――― 72

第**7・8**時 『くちばし図鑑』を作り、交流する
　　　　―自分が選んだ鳥についてクイズを書く―――――――― 78

Ⅳ章 「じどう車くらべ」全時間の授業

第**1**時 「くちばし」での学習を想起する
　　　　―因果関係を表す「そのために」の役割を確かめる― 86

第**2**時 文と文の因果関係を捉える（1）
　　　　―＜バス＞や＜乗用車＞の仕事とつくりを確認し、文の構造を理解する― 92

第**3**時 文と文の因果関係を捉える（2）
　　　　―＜トラック＞の仕事とつくりを確認し、文の構造を理解する― 98

第**4**時 文と文の因果関係を捉える（3）
　　　　―＜クレーン車＞の仕事とつくりを確認し、文の構造を理解する― 104

第**5**時 「説明の仕方」を活用して表現する
　　　　―説明に必要な言葉を考えながら、＜はしご車＞の説明を完成させる― 112

第**6**時 事例の順序性を考える
　　　　―文章を俯瞰的に捉え、各自動車の説明の順序性を考える― 122

第**7**時 学習したことを活用し、『じどう車図鑑』を作る
　　　　―＜ミキサー車＞＜ショベルカー＞の映像から必要な情報を選び、
　　　　文章にまとめる― 128

第**8**時 因果関係を意識して文章を書く
　　　　―＜郵便車＞＜ダンプカー＞の映像から必要な情報を選び、文章にまとめる― 136

補助単元――教材「しっぽのやくめ」
第**1**時 【因果関係】や【推測】の思考を耕す
　　　　―学習したことをもとに、初読の文章の構成をとらえる― 142

Ⅴ章 「どうぶつの赤ちゃん」全時間の授業

第**1**時 題名やさし絵から動物の赤ちゃんに興味をもつ
　　　　―「どうぶつの赤ちゃん」への興味を引き出して課題を提示する― 150

第**2**時 文章全体の構成を捉える
　　　　―「ライオンの赤ちゃん」「しまうまの赤ちゃん」「問い」の説明を分ける― 156

第**3**時 共通する言葉を捉え、比較の観点をつくる
　　　　―＜ライオン＞と＜しまうま＞の赤ちゃんの説明で共通している言葉を探す― 162

第**4**時 比較して違いを考える
　　　　―観点に沿って比較読みし、2つの赤ちゃんの違いを考える― 168

第**5**時 取り上げた事例の関連性を捉える
　　　　―なぜライオンの赤ちゃんとしまうまの赤ちゃんなのかを考える― 174

第**6**時 学習したことを活用して、他の教材の内容を捉える
　　　　―カンガルーの赤ちゃんの生まれたときの様子や成長を読み取る― 184

第**7**時 類似した説明文を比較しながら捉える
　　　　―様々な動物の赤ちゃんの説明文を、違いの言葉に気をつけながら読み取る― 192

第**8〜10**時 構成や述べ方を意識して説明文を書く
　　　　―調べたことをもとに、書き方を意識しながら自分なりの「どうぶつの赤ちゃん
　　　　図鑑」を作る― 200

授業を終えて 208

著者紹介 209

I章

板書で見る
「くちばし」
「じどう車くらべ」
「どうぶつの赤
ちゃん」

「くちばし」

第1・2時の授業の板書

▶第1時では、くちばしの形比べや、冒頭の視写を行った。まだひらがなを学習中のため、特に注意する部分にはわかりやすく印をつけている。デジタル教科書も使用し、児童の大事な発言などを書き残している。

第2時序盤では、前時に児童から▶出た意見と、きつつきの説明文の「問題」までをまとめた。貼物は、前時で押さえた内容を振り返るのに活用しやすい。

▲助詞の「は」は定着のために、カードを用いて特別な「は」であることを認識づける。

▼第2時の最終的な板書。くちばしの説明文の構成を押さえる第一段階である。
　児童が視写しやすいように、すっきりした板書となっている。

第3時の授業の板書

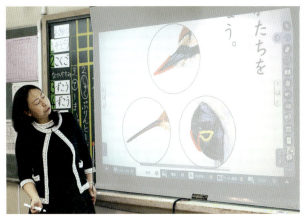

▲デジタル教科書上で、さし絵の鳥のくちばしをなぞることで、児童が挙げたくちばしの特徴を確認した。このように、書き込みを容易に示すことができるのが、デジタル教科書の利点と言える。

▼第3時の様子。「きつつき」「おうむ」の説明文を視写した貼紙を作成した。長い文章を見せるには、デジタル教科書よりも板書や貼紙が有効である。貼紙作成の際、文と文の間を空けて「もんだい」や「こたえ」などが書き込めるスペースを確保している。この写真では、「きつつき」や「おうむ」のさし絵を、児童に正しく並べ替える作業をさせるために、あえて誤った位置に貼っている。

▲第3時の板書。「なんのためのかたち?」は後ほど学習する「じどう車くらべ」でも使われる重要ポイント。単元ごとのつながりを意識させるうえでも、目立つような貼紙にした。

「くちばし」
第4・5時の授業の板書

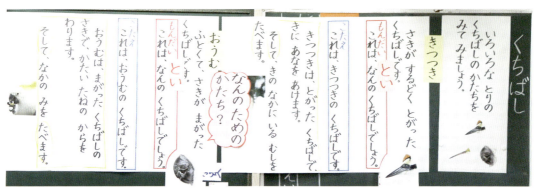

▲第4時の最終的な板書。問い（赤）と答え（青）、説明（黄色）までの色分けを終えている。ポイントとなる「なんのためのかたち?」を板書の中で目立たせることができた。

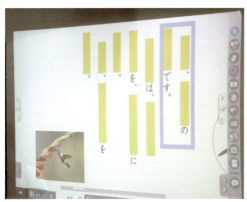

◀貼紙の横には、デジタル教科書を用いて言葉が隠されている「はちどり」の説明文を表示した（隠れた部分は児童と答え合わせをして開けていく）。児童は、「きつつき」と「おうむ」、「はちどり」の説明文を黒板で同時に見ることができる。

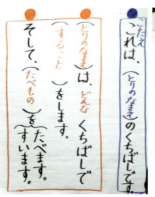

◀第5時では、教科書での3つの説明文に共通している書き方を貼紙にまとめている。くちばしの形には、緑を用いて色分けしている。

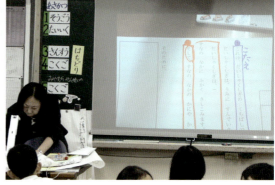

▶オリジナルテキストである、ダイシャクシギのプリントをスクリーンに表示している。こちらでも、これまでと同様に色分けをして各文の役割をつかませた。

8

第6・7時の授業の板書

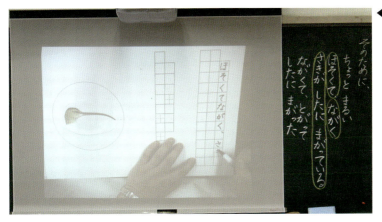

◀第6時。ダイシャクシギのくちばしの形をどう表現するかは、案を出し合い、その中で何を採用するかを話し合って決めた。

ダイシャクシギのくちばしクイズつくりでは、一部だけを書いて見せ（書画カメラを使用）、残りは児童がテキストから読み取りながら書いた。色分けとシールを活用し、文の順序を示している。▶

▼第7時は、「くちばし」の総括となる、自分の好きな鳥でクイズブックを書く学習の板書。急に高度な要求をするのではなく、これまで学習した文章の役割や構成を活用することで完成させていく。「そのために」は、この後の単元「じどう車くらべ」への布石であり、前もって布石を打つことで学びを定着させる。

「くちばし」
子どもの作品

「くちばしクイズブック」 ※著作権上の配慮により、実際に貼られたイラストは伏せています。

■表紙と裏表紙

■表紙と裏表紙
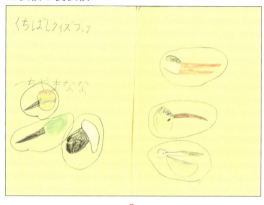

■いすか－問いのページ
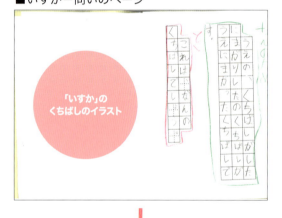

■たにしとび－問いのページ
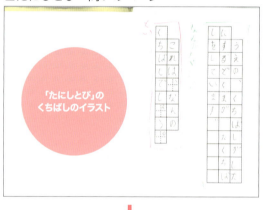

■いすか－こたえのページ

■たにしとび－こたえのページ
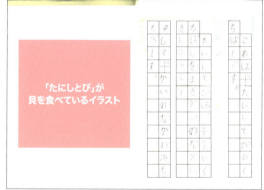

「じどう車くらべ」

第1・2時の授業の板書

◀第1時では、まず「くちばし」の振り返りとして「そのために」を使ったきつつきのくちばしの説明文を考えた。前の文からつながるように「きつつきは、」以降に入る言葉を児童が述べていき、板書でまとめて文を完成させた。

◀「じどう車くらべ」の「車」はここで学習する漢字である。児童がとまどわないように1画目を赤、最終の7画目を黄色で書いた。

第2時では、文章の冒頭を視写▶した。漢字や小さく書く言葉に注意させ、教科書に書かれた文字の視写だけでなく「とい①」などの書き込みも行った。

▼第2時の最終的な板書。右側は、自動車の比較を行った際に児童から挙がった「違っているところ」をまとめたもの。中央は、授業の中でデジタル教科書に書き込みをしたもの。見やすいように、それぞれの答えや「そのために」で色分けしている。

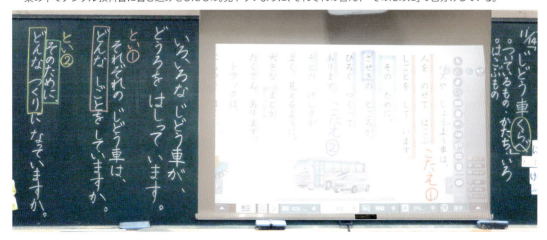

「じどう車くらべ」

第3・4時の授業の板書

文章の冒頭に書かれている2つの問いを事例の度に確認するために、問いの文の貼物を作成。「しごと」の問いを赤、「つくり」の問いを青で示している。答えの文でも赤と青（板書では黄色）を使い分けで問いとの対応をわかりやすくする。

▼ 第3時の最終的な板書。「じどう車図鑑」作成のために、トラックの説明を視写させている。教科書と同じ答えの羅列ではなく、問い①⇒答え①、問い②⇒答え②の順に並べている。

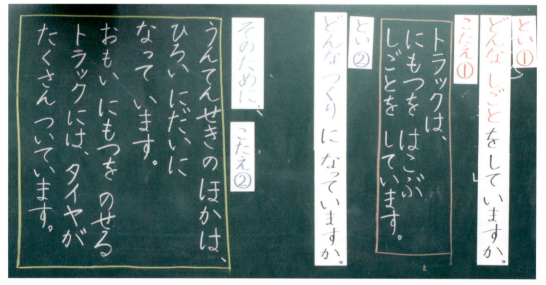

◀第4時は、第3時から連続して行われた。前時に書いたトラックの文章を引き続き扱い、つくりの説明には「にだい」と「タイヤ」の2文があることを取り上げた。

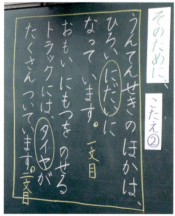
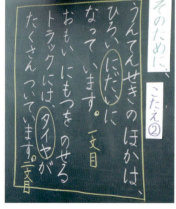

スクリーンに表示された、トラックとクレーン車のデジタル▶
教科書。授業中に各役割の色で囲みや線引きをしている。

第5・6時の授業の板書

自分で選択した車で自動車図鑑が書けるように、教科書の文を確認しながら答えの書き方の型をまとめて貼紙にした。書き方の型だけでなく、仕事があり、「そのために」このようなつくりをしているという、文と文の因果関係を何度も押さえた。

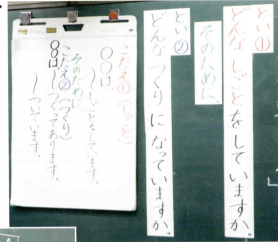

◀第6時では、文章全体を俯瞰的に捉えるために、なぜ「バスや乗用車」⇒「トラック」⇒「クレーン車」の順番に説明されているのかを自由に考える学習をした。

▼第6時の最終的な板書。自動車の答えの順番について、児童からの様々な意見を集約して板書した。意見を白で書き、補足の言葉や囲みなどは目立つように黄色で書いている。

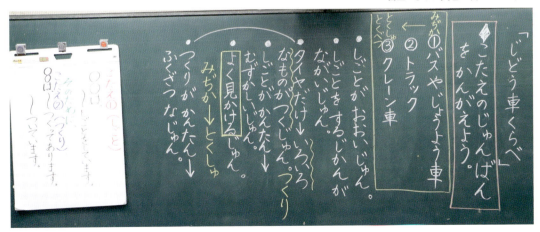

「じどう車くらべ」

第7・8時の授業の板書

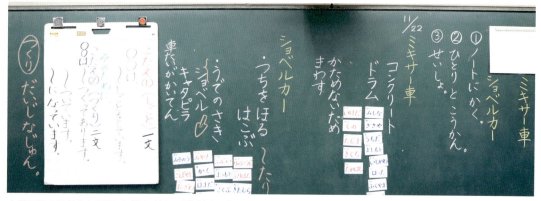

▲第7時の最終的な板書。左側は、答えの型。前時に作った貼紙から文言を追加し、つくりの2文は大事な順に書くことを記した。右側は、ミキサー車やショベルカーの図鑑を書く際の作業順序。真ん中には、各自動車の特徴を板書し、児童が図鑑の文章を作成する際のヒントとした。

◀つくりの説明で各部の名称がわからないときは、「タンクのような／みたいな」という書き方で表現すればよいことをアドバイスした。

▼第8時の様子。「大じなじゅん」の貼紙を答えの型に貼り付け、つくりの書き方を意識させた。板書では、本時に図鑑を作成する郵便車やダンプカーの写真も掲示して、自動車のつくりを書く際の参考にした。

「じどう車くらべ」

子どもの作品

「じどう車ずかん」

■表紙と裏表紙　※裏表紙には、互いに読み合った感想を付箋に書いて貼ってある。

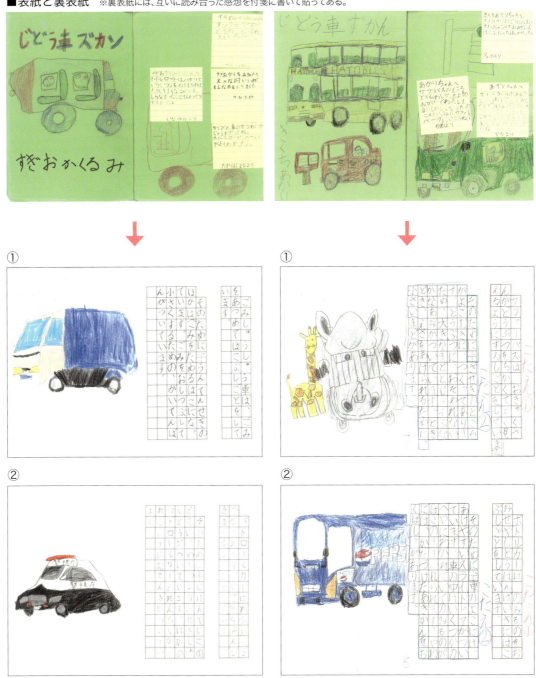

「どうぶつの赤ちゃん」

第1・2時の授業の板書

▲ 第1時では、まず題名の「どうぶつ」のみに注目して、児童が好きな動物を尋ねた。その後に、動物の"赤ちゃん"について改めて尋ねることで、「動物」と「動物の赤ちゃん」とを区別する意識をもたせた。題名読みをすることで、素材への興味を引き出した。

第2時からは、教科書の本文を2段組に ▲
整えたプリントを使用する。教科書には書
かれていないが、段落番号を入れている。
段落冒頭の「ライオンの赤ちゃん」「しま
うまの赤ちゃん」に線引きし、色で囲んだ。

▼ 第2時の最終的な板書。中央の貼物は、「問い」「ライオンの赤ちゃん」「しまうまの赤ちゃん」の3つに色分けして囲んだ。テキストを2段組にしたことで、観点ごとの比較がしやすくなる。また、問い①と問い②は、前単元「じどう車くらべ」と同じく、短冊に切った貼物を用意した。

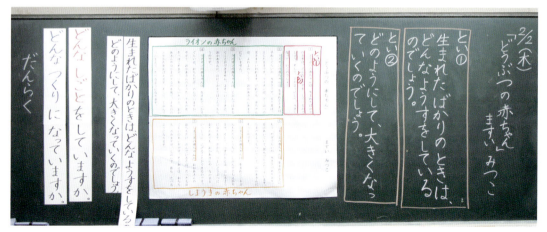

第3・4時の授業の板書

▲第3時。ライオンの赤ちゃんとしまうまの赤ちゃんの説明に共通して出てくる言葉を探し、プリントに青線を引いた。新たに、比較の観点ごとに特徴をまとめる表（ワークシート）を用意して、まず「大きさ」の観点で両者を比較した。

▼第4時。第3時に続いてプリントと表を使った。プリントで、観点ごとに両者で異なるところを黄色で囲み、表で、答え①となる「生まれたばかりのときの様子」をまとめ上げている。次に、問い②の「大きくなっていく様子」から「動き」を確認し、時間の推移は視覚化しやすいように色で区別した。

「どうぶつの赤ちゃん」

第5時の授業の板書

◀ 第5時では、答え②「食べること」を確認した。その際、行事予定が入ったカレンダーに矢印を引いて、ライオンの赤ちゃんとしまうまの赤ちゃんがお乳だけを飲む期間や、自分で食べるようになる時期を示した。ライオンの赤ちゃん（緑の矢印）と、しまうまの赤ちゃん（オレンジの矢印）の差がはっきりとわかる。

2つの問いの答えを全て確認 ▶
し終えた後で、第1時からの問題であった、筆者がこの2つの事例を選択した理由を話し合った。児童らの考えを書き出し、思考を整理する。

▼ 第5時の最終的な板書。ライオンの赤ちゃんとしまうまの赤ちゃんについて、観点ごとにまとめ終えた。そして、筆者の事例の選択理由を話し合うなかで、赤ちゃんのときの様子や、大人になったらどうかということまで表にまとめた。

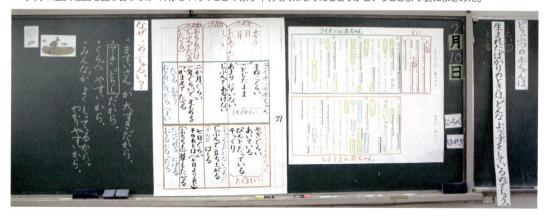

第6・7時の授業の板書

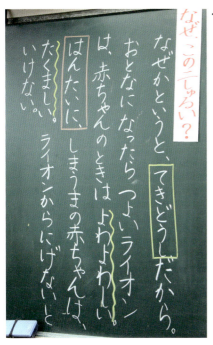

◀ 第6時の板書。前時からの振り返りとして、筆者がなぜライオンとしまうまの赤ちゃんを選んだのかについてまとめた。キーワードとなる言葉を目立たせている。

▲ カンガルーの赤ちゃんについても、ライオンの赤ちゃんとしまうまの赤ちゃんのときと同じ表（ワークシート）を使って、観点ごとに特徴をまとめる。答え①、カンガルーの赤ちゃんの「生まれたばかりのときの様子」までを確認した。

▼ 第7時の様子。第6時からの続きで、カンガルーの赤ちゃんの特徴をまとめた。ライオンの赤ちゃんとしまうまの赤ちゃんのときと同様に、デジタル教科書を色分けした。カンガルーの赤ちゃんの説明も、ライオンとしまうまの赤ちゃんと同じ構成で説明されていることが見てとれる。

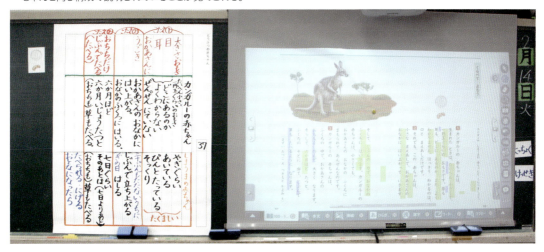

「どうぶつの赤ちゃん」
子どもの作品

「どうぶつの赤ちゃんずかん」

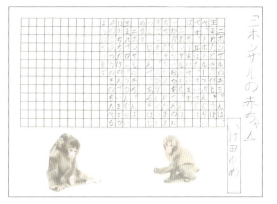
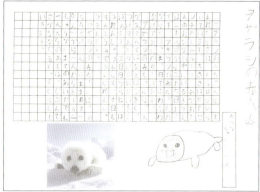
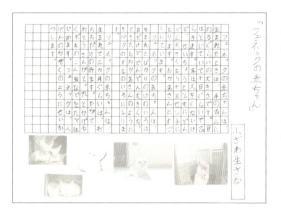
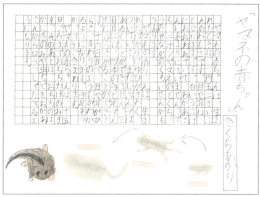
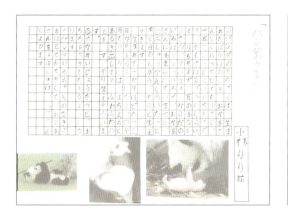
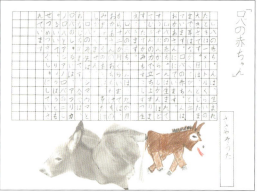

II章
「くちばし」
「じどう車くらべ」
「どうぶつの赤ちゃん」
単元構想

説明文における〔読み方〕と〔思考〕の系統

　最初に、本稿で述べていく〔読み方〕と〔思考〕について整理する。

　ここで言う〔読み方〕とは、説明文を読むときに身に付けさせたい「読みのスキル」を指す。例えば、「〈はじめ・中・終わり〉の三部構成で文章をとらえる」「小見出しをつける」といったように、他の説明文を読むときにも活用できる方法である。一方、〔思考〕は汎用的な能力であり、国語の授業では主に次の思考が見られる。

・【比較】の思考　　・【分類・整理】の思考　　・【順序】の思考
・【因果関係】の思考（原因と結果、理由と結論）
・【推測・類推・仮定・置き換え】の思考
・【抽象・一般　⇔　具体・例示】の思考

　説明文の場合は、思考が教材文の特性に直結していることが多い。例えば、1年生の「くちばし」や「じどう車くらべ」は【因果関係】と【（事例同士の）比較】を、「どうぶつの赤ちゃん」は【比較】の思考を働かせることに適している。2年生になると、「たんぽぽのちえ」で時間的な【順序】が、「しかけカードの作り方」で手順の【順序】の思考が加わる。このように、教材文レベルで思考の系統が認められる。言葉の運用や知識である〔言語スキル〕と、〔読み方〕、〔思考〕は密接に関わっている。

　1年生で身につけたい〔読み方〕は、〈問い〉に対する〈答え〉を見つけることである。「教材の特性」を見ると、〈問い〉の数や〈答え〉の内容、文章構成など、教材文の難易度によって系統化がはかられている。

　入門期の〔思考〕は、【比較】と【順序】が中心となる。まず【順序】について述べていく。「くちばし」や「うみのかくれんぼ」に見られるのは〈事柄の並び〉や〈説明の順序〉である。これを土台として、「じどう車くらべ」では〈事例の順序〉を解釈したり意味づけたりする。〈事例の順序〉から筆者の意図に迫る〔読み方〕は、上学年の事例列挙型の説明文の読みへとつながる。「こまを楽しむ」（三上）、「すがたをかえる大豆」（三下）などがこれにあたる。

　次に【比較】について述べる。「くちばし」は、最初のさし絵から形や様子を比べるように仕組まれている。事柄の比較と共に、文や言葉の繰り返しからテキストも比較する。「じどう車くらべ」では、題名にもあるように事例同士を比較する。また、「どうぶつの赤ちゃん」では、対比的に述べられた動物同士を比較する。これによって、学習者自らが「比較とは、同じ観点について共通点や相違点を見つけることであり、だからこそ違いが際立つこと」に気づく。中学年の「アップとルーズで伝える」(四下)も、対比的に述べられた教材である。

　このほか、「じどう車くらべ」の「しごと」と「つくり」の読み取りにおいて、【因果関係】の思考は欠かせない。この教材は、【比較】【因果関係】【順序】という複数の〔思考〕が混在しており、これらを意識して授業を構想する必要がある。また、「じどう車くらべ」で〈事例の順序〉の意図を推し量ったり、「どうぶつの赤ちゃん」で〈事例の選択意図〉を考えたりすることは、テキストには直接的に表現されていないことを推論する【推測】

の思考を働かせることにもなる。

〔読み方〕と〔思考〕を育むには、単元間のつながりを学習者自身に意識させることや、思考を助ける手立てが求められる。

単元指導における実際

（1）入門期・説明文の第1教材「くちばし」
◆ 〈問い〉と〈答え〉を見つける〔読み方〕

1年生の説明文の第1教材は、〈問い〉に対する〈答え〉を見つけることで、クイズを解くように内容を読み取ることができる仕組みとなっている。例えば、「くちばし」（光村図書一・上）の「きつつき」の事例は、次のようになっている。

---

① さきが するどくとがった くちばしです。

② これは、なんのくちばしでしょう。

③ これは、きつつきのくちばしです。

④ きつつきは、とがったくちばしで、きに あなをあけます。

⑤ そして、きのなかにいる むしを たべます。 　　　　（○数字は筆者）

きつつき、おうむ、はちどりという全ての事例が、どれも5文で説明されている。事例ごとに、〈問い〉と〈答え〉が繰り返される反復型のスタイルをとる。また、それぞれの文は、①くちばしの形状　②〈問い〉　③〈答え〉　④くちばしですること（餌のとり方）　⑤【そして】食べるものと、役割がはっきりしている。

第2教材「うみのかくれんぼ」（一・上）以降は、〈問い〉は最初に述べられるだけで、その後は〈答え〉だけが並ぶ事例列挙型の構成となっている。さらに第3教材の「じどう車くらべ」（一・下）では、「それぞれのじどう車は、どんなしごとをしていますか。そのために、どのようなつくりになっていますか。」と〈問い〉が二文となり、事例ごとに「しごと」と「つくり」という二つの事柄について〈答え〉が述べられる。

（2）第2教材「じどう車くらべ」でのつまずき

「じどう車くらべ」は、第1教材で学んだ〈問い〉に対する〈答え〉を見つける〔読み方〕を活用する教材である。〔思考〕という観点からは、事例同士を比べる【比較】の思考と、「しごと」と「つくり」という【因果関連】の思考を働かせる教材と言える。

「バスやじょうよう車」の〈答え〉は、次のように書かれている。

---

① バスや じょうよう車は、人を のせて はこぶ しごとを しています。

② 【そのために】、ざせきの ところが、ひろくつくってあります。

③ そとの けしきが よく 見えるように、大きなまどが たくさん あります。

　　　　（○数字と【 】は筆者）

1年生にとって、「しごと」は分かるが、「つくり」の意味がよく分からない。そのため、

①の「しごと」と②③の「つくり」は因果関係にあることを理解するのが難しい。それでも子どもたちは、読み取る段階では【そのために】というつなぎ言葉に助けられ、内容を理解する。

　ところが、因果関係の理解が曖昧であるため、〈はしご車〉について次のような文章を書く子どもが現れる。

---

　①　はしご車は、火事の時に高いところの火を消したり、高いところにいる人を助けたりするしごとをしています。

　②　そのために、赤い色をしています。車体が傾かないように、丈夫なあしがついています。

　つまずきの原因は、「つくり」を「見た目の様子であれば何でもよい」ととらえていることにある。そのため、色や脚の説明を書いてしまう。「しごと」のための「つくり」であることや、どの「つくり」を優先して説明したらよいかが分からない。

　このような【因果関係】の思考を働かせる教材は、「じどう車くらべ」が初めてではない。実は、第1教材の「くちばし」も、「餌のとり方（食べること）」と「くちばしの形状」が因果関係となっている。「じどう車くらべ」でのつまずきを想定し、「くちばし」の授業に因果関係の思考を取り入れると、子どもの理解を助けることができる。

　あるいは、プレ教材として、「しっぽのやくめ」（かわたけん著・光村ライブラリー5）を扱う手立ても考えられる。「しっぽのやくめ」には、「しっぽの形状」と「〜のようなやくめをしているのです」という叙述があり、「しごと」と結びつけやすい。本書の実践では、「じどう車くらべ」の学習後に【推測】の思考を耕すことをねらい、1時間で扱った。

（3）因果関係の視点で「くちばし」を単元化する

　「くちばし」は、「①くちばしの形状」と「④⑤餌とそのとり方」とが因果関係になっている。「じどう車くらべ」での「しごと」が「餌をとって食べること」で、そのための「つくり」が「形状」なのである。

　「きつつき」の事例を「じどう車くらべ」の述べ方で書き直すと、「形状」と「餌」との関係がよく分かる。

---

　①　きつつきは、くちばしで　きに　あなをあけ、なかにいる　むしを　たべます。

　②　【そのために】、するどく　とがった　くちばしをしています。

　上記のように、食べることと形状との関連に気づくと面白い。〈問い〉と〈答え〉を対応させるだけに留まらず、④・⑤文目を読み取らせる工夫が必要である。因果関係の思考を育む導入として、二つの手立てを講じた。

◆三種のくちばしを比べる

　平成27年度版から、教材冒頭に、きつつき、おうむ、はちどりのくちばしのさし絵と共に、「いろいろなとりの　くちばしの　かたちを　みてみましょう。」という一文が加えられた。細い、太い、長いなどの様子は、比較することで分かる。また、三種を見比べるからこそ、

「なぜこんな形をしているのかな？」という疑問が生じる。「何のため？」という意識で読むと、形状と「やくめ（しごと）」の関係も見えてくる。

◆リライト資料を活用して〔思考〕を育む

　テキストを視写しながら授業を進める中で、①くちばしの形状は緑色、②〈問い〉は赤色、③〈答え〉は青色、④くちばしですることと⑤食べるものは黄色のように、色囲みすると文の役割を意識させやすい。

　「くちばしクイズブック」を書くための資料として、「青山鳥図鑑」と称したリライト教材を用意した。リライト資料は、説明と共にくちばしのアップとえさを食べる様子の写真をセットにして示し、両者の関係の理解を助けるようにした。加えて、2学期に学習する「じどう車くらべ」を見据え、「そのために」という言葉を使い、因果関係の思考を促すようにした。また、教材と同じように〈問い〉と〈答え〉のクイズ形式に書き直しやすいよう、文体も工夫した。さらに、リライト資料をどのようにクイズに書き直すのか、共通学習材を使って学ばせた。

---

　①　これは、だいしゃくしぎの　くちばしです。

　②　だいしゃくしぎは、うみにすんでいます。

　③　だいしゃくしぎは、（　　　　　　　）くちばしを　すなのなかに　ふかくさしこみます。

　④　そして、すなのなかの　かにや　かいを　たべます。

　⑤　そのために、【　　　　　　　　　】　くちばしをしています。

　子どもたちは資料を読みながら、文の役割を考えて色分けする。情報の選択能力を身に付けるため、「②住んでいる場所」というクイズづくりには不要な情報もあえて入れておいた。「そのために、【　　　　】くちばしをしています」の空欄部分を考えさせることで、えさや食べる様子とくちばしの形状との関係性に気づかせる。黄色で囲んだ「くちばしすること・食べるもの」の説明とくちばしのアップ写真から、「餌のとり方（しごと）」に合った「かたち」を表す言葉を考え、書き入れる。これが「じどう車くらべ」での「つくり」に当たる。

　「細い」「長い」「曲がっている」「下に向いている」など、子どもから出された言葉をつないで、「⑤そのために、細長くて、下に曲がったくちばしをしています」と文を作る。「そのために」を除いた部分が「クイズブック」の1文目となる。これに〈問い〉を加えて文の順番を整え、リライト資料の写真を貼ればクイズブックは完成。

　リライト教材には、だいしゃくしぎの他、はさみあじさし、たにしとび、よたか、べにへらさぎ、いすかなど、くちばしの形が特徴的で、餌のとり方との関係を捉えやすい種類を選び、構成も共通学習材に揃えた。自分で書きたいものを選択することが主体的な取り組みにつながる。こうして、リライト資料を多読しながら因果関係の思考に慣れさせる。

(4)「じどう車くらべ」を単元化する

◆単元間の〔思考〕をつなぐ

　「じどう車くらべ」の導入では、通読後すぐに〈問い〉を指摘した。〈答え〉を見つけていくことも理解していた。既習の教材名を挙げる子どももおり、〈問い〉と〈答え〉の〔読

み方〕については、学んだことの定着が認められた。【因果関係】の思考はどうであろう。「くちばし」を使って、因果関係の思考について試した。

> きつつきは、とがったくちばしで、きに　あなをあけます。
> そして、きのなかにいる　むしをたべます。
> そのために、

　上記のように板書するとすぐに、「先がするどくとがったくちばしをしています」と反応が返ってきた。「そのために、黒い色をしています」でもよいのではないかと揺さぶりをかけてみた。すると子どもたちは、「そのために」の用法や、因果関係を理由に黒い色ではだめなことを説明することができた。「そのために」という言葉が【因果関係】の思考の定着に効果をもたらしていることが認められた。

◆映像資料の活用

　単元終末の図鑑作りに向けて、はしご車の説明文を書かせた。はしご車が働いている様子の映像だけを見せ、「しごと」と「つくり」を確かめていった。「しごと」をしている様子を見ないと、「つくり」は分からない。図鑑や書籍では、動きが分からないので難しい。ねらいに合った資料を用意する必要がある。

　丈夫なあし、はしご、はしごの先の人が乗るかご、タイヤの数など、見た目の様子から分かることが次々と出される。そこで、「『そのために』何がついていれば仕事ができるか、一つだけ選びなさい」と限定する。すると、「はしごだ。仕事をするのに大事な順に説明しないといけない」と、児童の大半が【因果関係】の思考を働かせることができた。その後の図鑑づくりにおいても、「しごと」に適した「つくり」を書き表すことができた。「そのために」のような思考と直結する言葉を手がかりに、単元同士をつなぐことが、スパイラルな思考力の育成に効果を発揮する。

(5)「どうぶつの赤ちゃん」を対比的に読む

◆【比較】の思考を耕すテキスト

　「どうぶつの赤ちゃん」の一番の特徴は、〈答え〉である二つの事例（ライオンの赤ちゃんとしまうまの赤ちゃん）が、対比的に述べられていることである。ここでは、二つの事例を【比較】することに主眼をおく。

　とはいえ、1年生にとって6ページに渡る教材を対比的に読み取ることは難しい。そこで、対比している段落を上下で対になるように配置した2段組のテキストを使い、【比較】の思考を促す。テキストを2段組にすると、「問い」「ライオンの赤ちゃん」「しまうまの赤ちゃん」という三つの「まとまり（意味段落）」を捉えやすくなる。

　次に、上段にも下段にも同じ言葉があることにも気づく。そもそも【比較】の思考とは、共通点と相違点を判別することである。「生まれたとき〜ぐらいの大きさ」といった共通する言葉が2種類の動物を比べる観点となる。同じ観点で比べてみたときに、「違い」があるからこそ、説明する意味がある。物事を比較するには、観点を揃えなければならないことに、子ども自身が気づく意味は大きい。【比較】の思考という汎用的な能力を育む。

　観点を与えられて読む場合と、自らが観点を見つけ整理して読む場合とでは、「読みの質」

が違う。同じ学習材でも、見せ方を工夫することで、子どもに質の異なった読みをさせることができる。ともすると、「どうぶつの赤ちゃん」についての内容を読み取ることだけをねらい、「生まれたばかりの大きさ」「目や耳のようす」などの観点を指導者が記したワークシートを用意しがちである。観点が示されたワークシートの空欄に当てはまる言葉だけを書き込ませても、比較の思考は育たない。物事を比べるには、同じ観点で比べなければならないことや、表にまとめると分かりやすいこと、その際の縦軸や横軸が観点となること、だからこそ「違い」が重要であることなどを学ぶことができるワークシートでなければならない。

　枠だけを記したワークシートを用い、縦軸と横軸に書くことを確かめた上で、内容を書き込む。こうして作成したワークシートは、単元終末の「赤ちゃん図鑑」づくりで調べたことをメモするシートとしてそのまま活用できる。

◆筆者を意識させる

　さらに次のような課題を投げかけることで、論の展開や筆者の意図に対して自分の意見をもたせるといった、上学年での「読み」のねらいに迫らせることもできる。

　　　①どのような事例が、どのように書かれているか

　　　②筆者は、なぜこれらの事例を取り上げたのか

　　　③筆者は、なぜこの順序で並べたのか

　①の「どのように書かれているか」については、2段組のテキストで「同じ言葉」に着目させ「生まれたばかりの様子」から「自分で食べるようになる」までが対比的に述べられていることに気づかせる。

　②の〈事例の選択意図〉は、赤ちゃんの時の様子と大人になってからの立場の対比が逆転するため難易度が高い。③の〈事例の順序性〉まで求めると、子どもを混乱させてしまう。同じ〈事例の順序性〉でも、「じどう車くらべ」とは質が異なる。

◆述べ方の工夫を「情報読み」で活用させる

　どの事例も「生まれたばかりの様子」「動き」「食べること」の三つの段落で述べられている。それを活用し必要な情報を素早く見つける活動として、「どうぶつの赤ちゃんクイズ」を仕組む。そのために、まず教材と同様に3段落でリライトした資料を複数用意する。資料を一読した後、ヒントを出して何の赤ちゃんかを当てさせる。例えば「わたしは生まれて半年ほどで自分でえさを食べるようになります」というヒントを聞いて、すぐに三つ目の段落を読み始める子どもは、段落の役割を理解していると判断できる。このような「情報読み」が、日常生活の読みの大半を占めている授業で行われるような「詳細な読み」をすることは少ない。「情報読み」を言語活動に取り入れる価値は高い。

　「どうぶつの赤ちゃんクイズ」は、学習したことを読む活動で活用させる言語活動であるが、書く活動で、活用させることもできる。図鑑づくりを仕組むと、収集した情報をメモしたり、文章構成や表現に気をつけながら再構成したりする必然が生じ、難易度は上がる。

～一年生・説明文教材 【思考】と【読み方】一覧～

時期	6月	9月	11月	2月
教材名	「くちばし」	「うみのかくれんぼ」	「じどう車くらべ」	「どうぶつの赤ちゃん」
教材の特性	・一文の中に一つの《問い》「これは、なんのくちばしでしょう。」 ・同じ《問い》が繰り返されるQA／《問い》／QA／QA（反復型） 三事例 ・「形（つくり）・問い」と「答え（鳥の名前）・食べること」という述べ方の繰り返し。	・一文の中に二つの《問い》「なにが、どのようにかくれているのでしょうか。」Q／AAA（答え列挙型） 三事例 ・「生き物の名前」という述べ方の繰り返し。特徴と隠れ方は「だから・それで」でつなげることができる。	・《問い》が二文「どんなしごとをしていますか。」「そのために、どんなつくりになっていますか。」Q①・Q②／AAA（答え列挙型） 三事例 ・しごととつくりが因果関連の関係性 事例の順序性（つくりが簡単→複雑・身近→身近でないなど）	・《問い》が二文「生まれたばかりのときは、どんなようすをしているのでしょうか。」「そして、どのようにして、大きくなっていくのでしょう。」Q①・Q②／AA（答え対比型） 二事例 ・対照的な事例を、対比的に説明 事例の選択（大人になると食べる、食べられる関係）
【思考】	〈比べる〉※内容は《因果関連》ただし、教えるべき段階ではない。 〈順序〉説明の順序	〈比べる〉 〈順序〉事柄や説明の順序 〈関連づけ〉	〈比べる〉事例の比較 〈因果関連〉目的に応じたしくみ 〈順序〉事例の順序	〈比べる・対比〉 〈推測〉事例の選択意図 ※事例の順序は扱う段階ではない
【読み方】	・《問い》に対する《答え》を見つける。 ・《問い》は話題提示の役割を果たし、《答え》が書かれている。 ・説明の仕方の特徴。事例同士で共通することが、説明の仕方の特徴。	・一つの《問い》に対し、複数いくつもの事柄について説明されている《答え》を読み取る。 ・写真と文を対応させながら読む。	・《問い》に対する《答え》を読み取る。 ・「そのために」の用法と共に、「しごと」と「つくり」の関係を理解する。 ・比べることで、特徴が明らかになる。 ・事例の順序には意味がある。（順序を考える）	・《問い》に対応する《答え》を段落単位で指摘し、内容を読み取る。 ・二つの事例に着目し、ちがいや共通する言葉に着目し読み取る。 ・時を表す言葉に着目し、変化を読み取る。 ・取り上げられる事例には意味がある。（選択意図を考える）
授業づくりの工夫と手立て	・形を比較し、違いを意識させる。 ・一文ずつ提示し、先を予想させながら読ませることで繰り返し表現につなげる。役割の理解につなげる。 ・『図鑑づくり』を設定。資料として「そのために」を使ったリライト資料を用意し、「じどう車くらべ」の因果関連の思考を耕す。	・《答え》の二文目と三文目の間に、「だから」や「それで」を使って書き換えることで、隠れるために必要な体の仕組みや特徴が二文目、つまり二文目が三文目の必須条件の関係性に気づかせる。	・プレとして、「そのために」を使って書き換えた「くちばし」の事例を提示し、「しごと」と「つくり」とする。 ・事例の順序を考える手立てとして、さし絵を並べる。 ・『図鑑づくり』を用意し、「しごと」に適した「つくり」の手立てとする。車が仕事している動画を用意している。	・二つの事例を対比的に読み取りやすくするため、二段組みにしたテキストを使う。 ・両者に共通にした言葉を見つけさせ、それを比較する観点であることや、違いが明確になることに気づかせる。 ・『図鑑づくり』を設定。調べて得た情報を読み取りで作ったワークシートに記入する。

単元計画

「くちばし」（全8時間）

第一次　第1時　素材への興味をもたせる
　　　　　　―くちばしの形を比べて、その違いへの意識をもつ―

第二次　第2時～第4時　説明文の内容を捉える
　　　　　　―説明の流れを押さえながら〈きつつき〉〈おうむ〉〈はちどり〉の事例を視写する―

〈目標〉
・様々な鳥のくちばしの形を比べ、その違いに気づく。
・〈きつつき〉〈おうむ〉〈はちどり〉について、写真と文章を対応させながら内容を読み取り、視写する。
・くちばしの形は、食べること（食べ物やとり方）と関係していることに気づく。

〈評価〉
・ワークシートに正しく視写し、「問い」「答え」「くちばしですること」を色分けすることができる。

第三次　第5時　ほかの鳥について、クイズ形式の説明文を書く
　　　　　　―リライト資料から情報を読み取り、教材の説明の仕方に則った説明文を書く―
　　　　　第6時　目的に沿って説明文を作る
　　　　　　―〈ダイシャクシギ〉のクイズブックを完成させる―
　　　　　第7時・第8時　『くちばし図鑑』を作り、交流する
　　　　　　―自分が選んだ鳥についてクイズを書く―

〈目標〉
・共通学習材（リライト資料）をもとに、必要な情報の読み取り方を知り、その情報を使って「問い」と「答え」のある説明文を書く。
・自分が選択した鳥のくちばしについて、リライト資料から必要な情報を読み取り、「くちばし」の述べ方を真似た説明文を書く。
・できあがった『くちばし図鑑』を互いに読み合う。

〈評価〉
・リライト資料を読み、「鳥の名前」「くちばしですること」を色で囲み、することに合う形状を表す言葉を考えることができる。
・調べた鳥のくちばしについて、文の役割を考えながらクイズ形式の説明文を書くことができる。

「じどう車くらべ」（全8時間）

第一次 　第1時　『くちばし』での学習を想起する
　　　　　　　　―因果関係を表す「そのために」の役割を確かめる―

〈目標〉
・「そのために」が因果関係を表していたことを思い起こす。
・自動車に興味をもつ。
・身の回りにあるいろいろな自動車に興味をもち、教材を読む。
・第1段落を読み、問いが二つあることを確かめる。

〈評価〉
・自動車に興味をもつことができる。
・既習事項を活用して、二つの〈問い〉を指摘することができる。

第二次 　第2時～第4時　文と文の因果関係を捉える
　　　　　　　　―〈バス〉や〈乗用車〉、〈トラック〉〈クレーン車〉の仕事
　　　　　　　　とつくりを確認し、文の構造を理解する―
　　　　　　第5時　「説明の仕方」を活用して表現する
　　　　　　　　―説明に必要な言葉を考えながら〈はしご車〉の説明を完成
　　　　　　　　させる―
　　　　　　第6時　事例の順序性を考える
　　　　　　　　―文章を俯瞰的に捉え、各自動車の説明の順序性を考える―

〈目標〉
・〈バスやじょうよう車〉〈トラック〉〈クレーン車〉について、「しごと」と「つくり」を比較しながら読む。
・「しごと」と「つくり」の因果関係を理解する。
・〈説明の仕方〉や「しごと」と「つくり」の関係、説明すべき事柄の優先順位を考えながら、〈はしご車〉の説明文を書く。
・文章全体を俯瞰的に捉え、〈バスやじょうよう車〉〈トラック〉〈クレーン車〉という順序の意図を考える。

〈評価〉
・ワークシートに視写し、問いに対応する二つの答えを「しごと」と「つくり」に正しく色分けすることができる。
・事例の順序について、自分の考えをノートに書くことができる。

第三次 　第7時　学習したことを活用し、『じどう車図鑑』を作る
　　　　　　　　―〈ミキサー車〉〈ショベルカー〉の映像から必要な情報を
　　　　　　　　選び、文章にまとめる―

第8時　因果関係を意識して文章を書き、『じどう車図鑑』を完成させる
　　―〈郵便車〉〈ダンプカー〉の映像から必要な情報を選び、文章にまとめる―

〈目標〉
・〈ミキサー車〉や〈ショベルカー〉などの映像から必要な情報を選び、文章にまとめる。
・はたらく自動車の映像や書籍などから、書きたい自動車を選び、「しごと」と「つくり」の関係を意識して説明文を書く。
・できあがった図鑑を読み合い、感想を付箋に書いて伝え合う。

〈評価〉
・調べた自動車について、「しごと」に不可欠な「つくり」を選び、「そのために」を使って因果関係の整った『じどう車図鑑』を作ることができる。
・読み合った感想やよい点について、付箋に書くことができる。

「しっぽのやくめ」（全1時間）

第1時　【因果関係】や【推測】の思考を耕す
　　―学習したことをもとに、初読の文章の構成を捉える―

〈目標〉
・学習した〔読み方〕と〔因果関連〕の思考を使い、二つ目の事例の内容を読み取り、最後の事例を書く。

〈評価〉
・二つ目までの述べ方の特徴や内容を活用し、三つ目の事例を自分なりに書くことができる。

「どうぶつの赤ちゃん」（全10時間）

第1時　題名やさし絵から動物の赤ちゃんに興味をもつ
　　―「どうぶつの赤ちゃん」への興味を引き出して課題を提示する―

〈目標〉
・様々な種類の動物とその赤ちゃんがいることに興味をもつ。
・その中で、なぜ本教材では〈ライオンの赤ちゃん〉と〈しまうまの赤ちゃん〉の2種類が取り上げられているのか課題意識をもつ。

〈評価〉
・動物の赤ちゃんに興味をもち、課題を意識することができる。

第2時　文章全体の構成を捉える
　　　—「問い」〈ライオンの赤ちゃん〉〈しまうまの赤ちゃん〉と文章全体を三つのまとまり（意味段落）で捉える—
第3時　共通する言葉を捉え、比較の観点をつくる
　　　—〈ライオン〉と〈しまうま〉の赤ちゃんの説明で共通している言葉を探す—
第4時　比較し、違いを考える
　　　—観点に沿って比較読みし、二つの赤ちゃんの違いを考える—
第5時　取り上げた事例の関連性を捉える
　　　—なぜライオンの赤ちゃんとしまうまの赤ちゃんなのかを考える—

〈目標〉
・〈ライオンの赤ちゃん〉の説明、〈しまうまの赤ちゃん〉の説明、〈問い〉の三つに分ける。
・二つの〈問い〉を理解する。共通する言葉を見つけ、比較する観点であることを理解する。
・観点ごとに表に整理して書き込みながら、違いを読み取る。
・なぜこの2種類を取り上げたのかを推測する。

〈評価〉
・〈問い〉に対する〈答え〉について、比較をしながら内容を読み取ることができる。
・事例の順序を推測し、考えを自分の言葉で書いて表現することができる。

第6時　学習したことを活用して他の教材の内容を捉える
　　　—カンガルーの赤ちゃんの生まれたときの様子や成長を読み取る—
第7時　類似した説明文を比較しながら捉える
　　　—様々な動物の赤ちゃんの説明文を、違いの言葉に気をつけながら読み取る—
第8時〜第10時　構成や述べ方を意識して説明文を書く
　　　—調べたことをもとに、書き方を意識しながら自分なりの「どうぶつの赤ちゃん図鑑」を作る—

〈目標〉
・〈カンガルーの赤ちゃん〉を読み、観点ごとに表に整理する。
・教材文の文章構成や述べ方に則って作成したオリジナルテキストを使い「どうぶつの赤ちゃんクイズ」をすることで、学んだことを活用させ、理解を確かなものとする。
・調べて得た情報を整理、再構成し、述べ方を真似た説明文を書く。
・できあがった図鑑を読み合い、感想を伝え合う。

〈評価〉
・図鑑などで調べた情報を再構築し、『どうぶつの赤ちゃん図鑑』を作ることができる。
・読み合った感想やよさを伝え合うことができる。

III章
「くちばし」
全時間の授業

第1時 素材への興味をもたせる
―くちばしの形を比べて、その違いへの意識をもつ―

1 本時の概要

「くちばし」の第1時では、くちばしに興味をもたせるために、導入素材として鳥のくちばしがたくさん描かれた絵本を見せ、様々な形状があることを認識させる。

その後、教科書の冒頭文を丁寧に視写させるとともに、教科書冒頭にある3つのくちばしのさし絵の長さや太さなどを比べ、「どうして鳥によってくちばしの形が違うのか？」という課題意識をもたせる。

2 本時の学習目標

- さし絵を比較して、くちばしの形には長さや太さなど、様々な違いがあることを捉えることができる。
- 長さや太さなどの違いを述べるには、何と比べて違うのかという比較対象が必要であることに気づかせることができる。
- 教科書の冒頭を正しく丁寧に視写することができる。

1 導入素材のさし絵を見せる

―スクリーンに、くちばしが描かれた導入素材を映す―

青山 くちばしってどこにあるんだろう？ この絵の、どこがくちばし？

青山 （多くの児童が手を挙げた後）Ａさん、これがくちばしですよって指でさしてごらん。

―児童が前に出て、くちばしの部分を指さす。他の児童は、○（「賛成」の意）のポーズを見せる―

青山 くちばしって、あなたたちのところにもある？
児童たち ない。
青山 （くちびるを示し）ここはくちばしじゃないの？
児童たち くちびる。
青山 じゃあ、「くちばし」があるのは……。

解説

くちばしに興味をもたせるために、導入として、本教材とは別の本（『くちばし どれが一番りっぱ？』福音館書店）を使用。「くちばし」がある部分、くちばしは鳥にしかないものであること、くちばしには様々な形状があることをつかませました。

児童たち　鳥だけ。
青山　なるほど。「くちばし」があるのは、鳥だけ。
青山　中身は読書の時間に読むので、今日は、最後がどうなったかを見てもらおう。

―導入素材の最終ページを表示―

青山　いっぱいいるね。くちばしって大きさが……。
児童たち　違う。
青山　「大きさ」と、あと何が違うの？
児童たち　形！　長さ！　太さ！　厚さ！

―児童の発言から出た違いを板書―

児童たち　あっ、色も違う。模様も違う。
青山　なるほど。じゃあ、色や模様も入れておこう。
児童　とんがっている。
青山　確かに、とんがっているくちばしもあるね。どれがいちばん長いかな？　ちょっと話し合って。
青山　（隣同士で話し合った後）ストップ。いちばん長いのはこれですよっていう人？　Bさん。

―児童が前に出て、上の大きい鳥を指さす―

青山　いちばん短いとか小さいのはどれ？　Cさん。

―児童が前に出て、左上の鳥を指さす―

児童　違うよ。いちばん下の鳥だよ。
青山　どっちだろうね。同じくらいに見えるね。
青山　不思議な形のくちばしもあるよ。
児童　下に行ったり上に行ったりするのもいる！
青山　今Dさんが言ったのって、このくちばしのことを言っているんじゃないかってわかる人？

―何人かの児童が前に出て、くちばしが上を向いているものや下を向いているものを指さす―

青山　なんか不思議な、いろんなくちばしがあるね。

―導入素材を閉じる―

> **One Point**
> 入門期では授業内容以前に、聞く態度についての指導もしている。話している友達を見ること。自分の考えと比べて同じか違うか反応することを約束している。できたら褒めるを繰り返す時期である。

> **解説**
> 形、長さ、太さ、厚さなど、様々な観点で形状が違うことを可視化させることは、後の教科書でのくちばしの「つくり」につながる。

= 展開 =

2 教科書のさし絵を比較する

青山 「くちばし」って鳥にしかないっていうけど、何のために「くちばし」があるんだろうね。
児童 餌をつかまえるためだよ。
青山 そう？

―デジタル教科書を使用。スクリーンに、「くちばし」冒頭の3つのくちばしが描かれたさし絵を表示―

青山 見て。3つ出したんだけど、どれがいちばん大きいかな？　長いかな？　隣と話し合ってね。

―話し合いの間に、視写用のプリントを配布。スクリーンには「きつつき」冒頭の文（教科書p48）を表示―

青山 先生と同じスピードで書けるかな？　いちばん右に4つますがあるよね。
児童 「くちばし」って書くの？
青山 そうです。よくわかりました。

―「くちばし」と声に出しながら、手本として題名を板書。児童も自分のプリントに書く―

青山 次の行の1ます空いているところ。「いろいろな」（と声に出しながら、本文1行目を板書）。
青山 （机間巡視中に）いい字ですね。2行目に行けそうな人は、先生に目で合図をください。

―視写を終えた生徒たちが合図を送る―

青山 じゃあ、2行目行こう（2行目を板書）。
児童 「お」じゃないね。
青山 そう、これね。明日勉強する「くっつきの　を」という「を」なので、「あいうえお」の「お」を書かないようにね。ここを黄色く丸しておこう。

解説
以降「くちばし」の単元では教科書を見せずに授業を進めている。

OnePoint
視写をする際には、「分かち書き」をしていない。分かち書きは音読する際には助けとなるが、視写する際は1マス空け忘れることが多く、混乱を招きやすい。また、1マス空いているため、段落を理解（意識）させるのにも防げとなる。
そのため、第1教材「はなのみち」から、分かちを取って視写させている。

青山 （児童が書けたところで）最後ね（3行目を板書）。ちっちゃい「ょ」は、どこに書くかな？ 点々（十字点線）があるところに何が入るか、わかったかな？

児童 「ょ」と「。（まる）」。

青山 おお、よく覚えていました。

―大きなますの貼物を黒板に掲示―

青山 ちっちゃい「ょ」や「。（まる）」は1番、2番、3番、4番、何番ですか？

児童 2番！

青山 すばらしい！ここに「。（まる）」や、ちっちゃい「ょ」を入れてください。

青山 （板書を示し）「くちばし」っていう、これを「題名」って言います。お話の「題」とも言います。（「いろいろな〜みましょう。」を示して）これは「文」と言います。「。（まる）」1個分だから、「一文」と数えます。

青山 書けたら、声に出さないで3回練習してみよう。

―黙読中、机間巡視で読書の姿勢や机の位置を正す―

青山 じゃあ、題名から読みます。さんはい。

―児童音読「くちばし　いろいろなとりのくちばしのかたちをみてみましょう。」―

青山 さっき見た、3つのくちばし。3つとも形が違うね。じゃあ、これだけまず見てもらおうかな。これ見てください。

―再びさし絵に。いちばん上のくちばしを示す―

青山 これは……。

児童 すずめだよ。

青山 えー？ 待ってください。何の鳥かを言ってたけど、今読んだところに何て書いてた？

児童 「みてみましょう」。

青山 うん、何を見てくださいって？

児童 くちばしの形。

One Point
「きつつき」の授業と並行しながら、別の時間に「を」の書き方や役割を学習した。また、以前学習していた「ょ」や「。」など小書き文字を書く位置なども、視写の際に再度復習した。

One Point
「きつつき」の本格的な音読に入る前に、「題名」「題」や「文」「一文」の用語を教えた。これらの用語がわかると、音読の際に「題から読みましょう。」や、「次の文を見てみましょう。」といった指示が可能になる。

第1時　素材への興味をもたせる　37

青山　形。じゃあ聞いてみよう。どんな形って言ったらいい？　他と比べて、どんな形をしている？

―児童たちは考えながら手を挙げる―

青山　Eさん、どんな形？
児童　鉛筆みたいな形。
青山　どこが鉛筆みたいか、出てきてごらん。

―児童が前に出て、○をかく―

青山　この辺が、鉛筆みたい（スクリーンに赤で「えんぴつ」と書く）。鉛筆みたいに、どうなっているんだろうね？
児童　とがっている。
青山　とがっている！（「とがっている」と書く）
青山　まだ違う言葉で、この鳥のくちばし、他と比べて、こんな風に言えるんじゃない？　Fさん。
児童　（前に出て示しながら）鉛筆の先みたい。
青山　なるほど。先と言うんだね（「さき」と書く）。
青山　ねえねえ、こっちを「先」って言うでしょ？　こっち（反対）の方を何て言うか知ってる？
児童　根元！
青山　よく知ってました。もしかしたらこの後使うかもしれないから、色を変えて書いておこう（スクリーンに青で「ねもと」と書く）。
青山　まだ違う言葉で、この鳥のくちばしの形について言える人。Gさん。
児童　こっちとこっち（下の2つのさし絵）に比べると、こっちは細いけど、こっちは太いでしょ。こっちはどっちともなの。
青山　中ぐらいの太さ？
児童　そう。
青山　あ、そうか。太さは中ぐらい。中ぐらいの太さ（「ちゅうぐらいのふとさ」と書く）。
青山　じゃあ、これ書いた人、何て言っているか、見てみよう。みんなと同じこと言っているかな？　さんはい。

> **解説**
> 平成27年度版の教科書から、冒頭に、きつつき、おうむ、はちどりのくちばしのさし絵と共に、「いろいろな　とりの　くちばしの　かたちを　みてみましょう。」という一文が加えられた。この一文が入ったことで、形比べが容易にできるようになった。「長い」や「太い」などは相対的な表現であるため、形比べが必要である。また、3つの形を比べることで、後に「中ぐらいの太さ」といった語彙を引き出すこともできた。

> **One Point**
> 「先」が出てきたので、「根元」の語彙も引き出した。「根元」は教科書には出てこないが、知っておくとくちばしを説明しやすい。「～みたい」という比喩表現も同様。このように機会をとらえては語彙を増やす指導を行う。

―スクリーンに教科書49ページを表示。児童は見ながら音読「さきがするどくとがったくちばしです。」―

青山　あら、「先」出てきたね。みんなばっちりだ。「鋭く」ってみんな言ったっけ？
児童　言ってない。
青山　言ってないか。さっきいいこと言ってたけど、鋭くは出てなかった。鉛筆みたいか。でも、「とがった」は出てたね。すごいじゃない。大人の書いた文と同じ言葉が出たね。
青山　さて。この後。さんはい。

―児童音読「これは、なんのくちばしでしょう。」―

青山　何だろうね。見てみよう。

―スクリーンに50ページの写真を表示―

青山　何て名前なのか。答えがありました。さんはい。

―スクリーンに50ページの文を表示。児童は見ながら音読「これは、きつつきのくちばしです。」。―

青山　あれ？　これ、答えが出たから終わりでもよさそうなのに、まだ続きの文があるね。何でまだ文が書いてあるのか、明日見てみようね。
青山　（プリントを見せて）これ、「1」って書いてあるでしょ？
児童　本を作るの？
青山　「これは、なんのくちばしでしょう。」って書いて、めくったら、「これは、きつつきのくちばしです。」って出たら、なんかクイズ本みたいだね。クイズブック。みんなは答え知っちゃったよね。誰に持っていったらクイズを出せる？
児童たち　お母さん！　お父さん！
青山　小学校に入って初めて作ったクイズブックを、お父さんお母さんに、小学校に入ってこんな立派なものが作れましたって、クイズでおうちの人に楽しんでもらおう。

One Point
児童自身が考えて、自分の口から「先」や「とがった」という語彙が出てきたことを、「大人の書いた文と同じ言葉が出た」というように強く褒めた。

解説
この単元では、くちばしのクイズブックを完成させることをゴールとして設定した。
クイズブックの用紙には、特厚の白を使用している。子どもの筆圧や消し後が残りにくく、また柔らかすぎないため、貼り合わせやすい。子どもが視写の失敗や貼り合わせのミスをしてもモチベーションが下がることのないよう、紙選びも大切である。

第1時　素材への興味をもたせる　39

第2時 説明文の内容を捉える（1）
―説明の流れを押さえながら、〈きつつき〉の事例の視写を完成させる―

1 本時の概要

「くちばし」の第2時では、まず前時を振り返り、〈きつつき〉の事例の内容を確認する。その後、問題と答えの後に、「何のための形」であるかの説明が必要であることを確かめる。そのうえで、〈きつつき〉から〈おうむ〉の説明に移行することで、〈おうむ〉のくちばしが、何のための形であるのかを思考させる。また、「何のための形？」という気づきを契機に、食べることとくちばしの形状が因果関係になっていることに気づかせる。

2 本時の学習目標

- 〈きつつき〉のくちばしは、木の中にいる虫を食べるために、鋭くとがった形をしているという因果関係を捉えることができる。
- 〈きつつき〉の説明を受けて、〈おうむ〉のくちばしが、何のための形であるのかを考えることができる。

1 前時の振り返り

―スクリーンに教科書48・49ページを表示―

青山 昨日勉強したところを、題名から、みんな自分が書いたものを読みましょう。

―児童は自分の視写物を見て音読「くちばし　いろいろなとりのくちばしのかたちをみてみましょう。」―

青山 みんなからはこのような考えが出ました。

―前時の児童の意見と教科書の文を載せた貼紙を掲示―

青山 この絵（きつつきの絵を指示）の形を見てみましょうって言ったら、先が？
児童 とがっている。
児童 鉛筆みたい。
青山 それから、太さも言っている人がいたね。

> **OnePoint**
> 導入では、前時の学習の振り返りを行う。前の時間から引き続き、どのような説明の流れになっているのかを振り返ることで、全体の流れを見通すことができる。

児童　Aさん。
児童　全部から見比べて、「中ぐらいの」太さだよ。
青山　3つあると、いろいろ形の違いが？
児童たち　ある！
青山　よくわかったよね。今度は、1つずつよく見てみることにして、これ（きつつきの絵）をよく見ましょう。ここをみんなで読もう。

―スクリーンに49ページの文を拡大表示。児童音読「さきがするどく～なんのくちばしでしょう。」―

―問題と答えが同時に見えてしまわないように、これらを分けて書くためのプリント配布―

青山　一緒に書くので用意をしてください。姿勢はいいかな？

―児童とその都度確認しながら「さきがするどくとがったくちばしです。」と板書し、児童は視写―

青山　ここまで書けたかな？　では、「鋭く」ってどういうこと？　隣と話してみて。

―隣同士で話し合い。その後、児童続々と挙手―

青山　違う言葉だったら何回も手を挙げてね。まずBさん、「鋭く」ってどんなだった？
児童　（前に出て）「鋭く」って、とがってて、当たるとちょっと痛いって感じがする。
青山　どこが痛そう？
児童　このくちばしのところ（くちばしの先を指示）。
青山　ここが痛そう。当たると痛い。

―スクリーンに表示されたさし絵のくちばしの先を丸で囲み、「あたるといたい」と板書―

青山　「鋭い」「痛い」。っていうこと？Cさん。
児童　ここ（くちばしを指して）のところがしゅってなってて、三角みたいになってる。
青山　三角になって、しゅってなってるんだね。

―デジタル教科書の画面に「さんかく」「しゅっ」と記入―

One Point
デジタル教科書を拡大し、児童がスクリーンを見ながら映し出された本文を読めるようにする。

解説
児童から「答えが見えている」との声が上がった。この発言をもとに、同じ見開きページに問題と答えが出ているとクイズが成立しないことを全員で確認。そこで問題と答えを違う見開きに書くことを説明した。

One Point
視写に入る前に、まずは正しい姿勢をとるように注意させる。視写中も、繰り返し句読点や濁音・撥音のひらがなに注意させる。

解説
「鋭い」の意味を聞いているのだが、「鋭くなってる」と答える児童もいた。語彙の説明はやや難しいが、聞き方を変えることで児童の発言を促した。

青山　鋭いものって何がある？
児童たち　鉛筆の先！　歯！
青山　いろんな鋭いものがあるね。Dさん。
児童　（「鋭い」は）木とかに穴を開けられる。
青山　じゃあ、これは何をするためにこんなにしゅってとがっているのかっていうと……。
児童　木に穴を開けるため。
青山　何でもいいわけじゃないんだ、この形は。
児童　そうだよ。
青山　じゃあ、形は何をするためかが大事ってこと？
児童たち　うん。
青山　この他にも違う形のくちばしがあったね。何をするための形か、クイズブックにもきちんと書いておかないといけないね。何をするためかも考えよう。
　　　まず、問題をみんなで読みましょう。

―児童音読「これは、なんのくちばしでしょう。」。その後、同部分を板書。児童も視写―

青山　問題があったら答えを知りたいよね。みんなで続きを読みましょう。

―スクリーンに50ページを表示。児童音読「これは、きつつきのくちばしです。」―

青山　答えは何のくちばしかと言うと？
児童　きつつき。
青山　これだけで良さそうなのに、まだ続きがあるというところで前回は終わりました。何が書いてあるのだろう？

解説
くちばしが何のための形であるか、というのは単元全体を通して押さえるべきポイントである。3つのくちばしの説明文それぞれにおいて、何度も丁寧に確認する必要がある。

展開

2　説明の因果関係を意識する

―児童音読「きつつきは、とがったくちばしで、きにあなをあけます。」―

青山　これ、さっきEくんが言っていたね？とがって

One Point
前に出た発言が誰のものかを確認し、他の児童の発言を聞くことができているかを確かめる。

　　　　いないと、木に穴が？
児童　開かない。
青山　でも、別に木に穴開けなくたっていいよね。
児童　ううん。そうしないと、家が作れない。
青山　（穴を開けるのは）家をつくるためなの？
児童　木の中の虫を食べるため（などの声が挙がる）。
青山　まだ次も大事ってこと？　次も読もう。

―児童音読「そして、きのなかにいるむしをたべます。」―

青山　きつつきは家を作るためにコンコンつっついてるのかと思ったら、家だけじゃなくて
児童　虫を食べる。
青山　（スクリーンに表示されている「答え」の文を青で囲みながら）これだけじゃ、何であんなに鋭くとがってるのかがわからないよね。ああ、家を作るんだと思ってたら、そうじゃなくて？
児童　木の中にいる虫を食べる。
青山　じゃあ、そこまでクイズブックに書こう。クイズブックを書くのに、これ（答えの一文）は答え。ここ（問題の一文）は何だろう？
児童たち　問題。
青山　クイズブックにも、問題っていうことがおうちの人にわかるように、書いておこう。

―板書を赤で囲み、「もんだい」と記入。児童視写。書き終わったら、視写部分を一文ずつ音読した―

3　きつつきの説明を全て視写する

―きつつきのくちばしの「答え」を書くためのプリント配布―

青山　最初に問題があって、答え。答えは？
児童　きつつき。

―「こたえ」と「これは、きつつきのくちばしです。」を板書し、青で囲む。児童視写―

青山　何のためかっていうのを書こう。でも、これは

> **解説**
> くちばしの形状についての説明として、「くちばしで木に穴を開ける」だけでは不十分である。「家を作る」という別の可能性も示すことでさらなる説明が必要であることを意識付けさせ、「虫を食べるため」であるという次の文も大事だということを認識させる。

> **OnePoint**
> 説明の構成をつかむ際、問題は赤、答えは青、というように色分けをすると、児童たちは色ごとの役割を意識しやすく、視覚的にも区別をつけやすい。

　　　　誰のくちばしの話かっていうと？
児童たち　きつつき。
青山　じゃあ「きつつきは、」から言わないとね。

―児童と都度確認しながら「きつつきは、～きにあなをあけます。」と板書し、児童視写―

青山　何のために穴を開けたかっていうと、先生もずっと家だと思ってたけど、なんと……。
児童　「きのなかにいるむしをたべます。」
青山　そうだね。「む」はまだ習ってないから難しいので、大きく書いておくね（次の文を板書）。
青山　これで、クイズが１つ
児童たち　できた！

―児童が書いたクイズブックを先生が点検・糊づけ―

青山　では、自分のくちばしブックを出して、最初から読んでみて。両手で持って、背中はピン。

―児童音読「くちばし～むしをたべます。」―

―その後、最初のさし絵から、クイズは３問目までありそうだということを推測した―

One Point
まだひらがなを学習中の児童たちにとっては、授業中の視写も、重要な「書く」勉強となる。間違いがないように、確認しながら定着させていく。習っていない字やくっつきの「は」「を」などは、目立たせるなどして特に丁寧に扱う。また、何についての説明なのか、主語を意識づけるようにする。

解説
児童がそれぞれ書いたくちばしブックに間違いがないかを確認するために、全員で音読する。

4　おうむへの興味を喚起し、本時で学習したことを活用させる

青山　次の問題は……さんはい。

―スクリーンに教科書p51を表示。児童音読「ふとくてさきがまがった～なんのくちばしでしょう。」―

青山　これは何のくちばしかっていうと？

―児童音読「これは、おうむのくちばしです。」―

青山　答えがわかったから、おしまい。
児童たち　だめ。
青山　えー、なんで？　どうして続きがあるって思ったの？　答えがわかったからいいじゃない？

解説
形と食べ物との因果関係に気づかせるため、おうむまで目を通させた。なお、本時まで教科書を見せていない。

児童　何のために曲がっているのかわからないから。
青山　おうむだってことはわかったけど、何のためにこんな形なのかが……。
児童たち　わからない。
青山　何のためにこんな形をしてるんだと思う？　お隣さんと相談タイム、スタート！

―隣同士で話し合いをさせる（約40秒）。その間、「なんのためのかたち？」と板書―

青山　ストップ。何のための形なんだろうね？Fさん。
児童　実を食べるため。
青山　実を食べるためだったら、きつつきのほうが鋭くって食べやすそうじゃない？
児童　違うと思う。
青山　これは問題だ。おうむだっていうところまではわかったけど……。何のためか。
児童　虫とか食べるんじゃない？
児童　大きい虫じゃない？
青山　大きい虫を食べるためには、太くて強そうなものがいいんじゃないっていう人もいるし……。っていうのが、謎がまだ多いので、みんなで頑張って解決したいと思います。

解説
おうむの説明文でも、「何のための形か」を考えることに時間を取り、児童が思考することに重きを置いている。

●子どもの作品
●「きつつき」視写　※実際の作品は教科書と同様に、左ページは写真、右ページは文言がセットで見開きになっており、「とい」の見開きページの次に「こたえ」の見開きページがあります。

Aさん

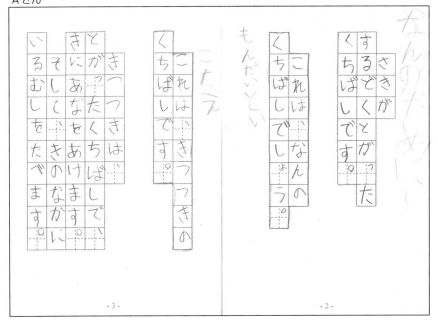

第2時　説明文の内容を捉える（1）　45

第3時 説明文の内容を捉える（2）
―説明の流れを押さえながら、〈おうむ〉の事例の視写を完成させる―

1 本時の概要

第3時では、前時の内容を受けて〈きつつき〉のくちばしの形を確認した後に、〈おうむ〉のくちばしの形を見ていく。

初めから教科書を読むのではなく、思い思いに〈おうむ〉のくちばしの形状の説明をさせた後に、教科書の文章を読み、児童の発言と教科書の文言がどれくらい重なっているかを確認する。その後、視写をしながら、「問題」に対応する「答え」が書いてある箇所を探す。

2 本時の学習目標

- 〈おうむ〉のくちばしは、種の殻を割って中の実を食べるために、曲がったくちばしをしているという因果関係を捉えることができる。
- 文章の構成をつかみ、「問題」「答え」「説明」が文章のどこに当たるかを捉えることができる。

導入

1 前時の振り返り

―スクリーンに教科書 p48・49 を表示―

青山 昨日までに作った「くちばしクイズ」を読みましょう。題名の「くちばし」のところから行きますよ。両手で持ってない人は両手で持ちます。姿勢は OK かな？

> **One Point**
> 音読する際の姿勢を整えさせることで、授業の始まりを意識させ、集中させる。

―児童音読「くちばし　いろいろなとりの〜むしをたべます。」机間巡視しながら、児童の姿勢を正す。―

青山 （3つのくちばしのさし絵を示しながら）今読んでたのはどれ？
児童 （きつつきのくちばしを示しながら）いちばん上。
青山 （前時に書き込んだ内容を示しながら）きつつきのくちばしは、みんなが言っていたように、「当たると痛そう」で「三角でしゅっとしている」ね。

展開

2 自分の言葉で表す

青山 では、おうむのくちばしはどんな形かな。話し合ってみましょう。きつつきと比べてもいいね。

―隣同士で話し合い（1分程度）―

青山 おうむのくちばしの形はどんなだった？　いい姿勢だから、みんな当てたくなっちゃうな。じゃあ、Aさん。
児童 丸くなってかわいい形。
青山 どの辺が丸い？　前に出て指してみて。

―児童が前に出て、おうむのくちばしの上部を指さす。おうむのくちばしのさし絵を拡大した紙を貼り、「まるいかたち、かわいいかたち」と板書―

青山 はい、ありがとう。まだある人。Bさん、どうぞ。
児童 （くちばしのかみ合わせ部分の隙間を指して）ここに大きい虫が入りそう。
青山 なるほど、隙間があるのね。

―「すきま、おおきいむしがはいる」と板書―

青山 じゃあ、Cさんどうぞ。
児童 （先ほどと同じ部分を指して）種が入りそう。
青山 種みたいな形の隙間があるんだって（「たね」も板書）。はい、Dさん。
児童 （上のくちばしを指して）ここで木の実を割って、入ってた実を食べる。
青山 木の実を割りそうな形ってどんな形？
児童 とがってる。
青山 きつつきもとがってるって言ってたけど？
児童 きつつきは細い。

One Point
挙手の姿勢を褒めることで、児童の発表する意欲を高めさせることができる。

One Point
「虫が入りそう」「種が入りそう」などと似た意見が出た場合、それぞれの意見で異なっている文言やニュアンスなどを改めて取り上げてフォローし、全く同じ考えではないこと、それぞれの児童が考えて出した意見であることをしっかりと確かめる。

―スクリーン上にある、きつつきとおうむのくちば
　しの、とがっている部分を赤で目立たせる―

青山　おうむもとがってるけど……。
児童　ちょっと丸くなってる。
青山　丸くてとがってるんだ。きつつきのとがってる
　　　　とはちょっと違う。
児童　硬い殻が割れそう。

―「とがっている」「われそう」と板書―

青山　まだ、くちばしの形で気づいたことがあるよっ
　　　　ていう人いる？　Eさんどうぞ。
児童　（くちばしの根元を指しながら）ここが三角に
　　　　なっている。
青山　この部分、何て言ったかな？
児童　根元。
青山　そうだね。根元のほうが？
児童　外側が丸くて、根元がカクカクしている。
青山　きつつきのくちばしの根元は、こういう形。お
　　　　うむのくちばしの根元のほうが？
児童　丸い。
青山　そうだね、丸いね。さっきは先が丸いって言っ
　　　　てたけど、今度は根元が丸い（「さき」「ねもと」
　　　　も板書）。Fさん、どうぞ。
児童　（くちばし先を指して）食べやすそう。
青山　食べやすそうな形？　くちばしって上側だけ？
児童　下にもある。
青山　下がどうなっていたのか見ると、こうだね。（く
　　　　ちばしの形をなぞる）下は？
児童　牙みたいになってる。
児童　重なってる。
青山　じゃあ、なぞってみるよ。きつつきは、こう（まっ
　　　　すぐ）でした。おうむときつつきでは、くちば
　　　　しの形が、違うね。
児童　全然違う。
青山　ね。同じ鳥のくちばしなのにね。
児童　たぶん食べるものが違うんだよ。
青山　食べるものが違う？

解説
「木の実を割りそうな形」だけでは他者には明確に伝わらないため、おうむのどんなくちばしの形状からそう考えたのかを聞き出す。また、「とがっている」だけではきつつきと同じためにさらに聞いたところ、「丸くなっている」という、きつつきと異なるとがり方の言葉を引き出すことができた。

解説
以前に語彙を確認した「根元」をもう一度引き出す。くちばしの形を説明するために大事な言葉である。

展開

3 説明の因果関係を捉える

―「なんのためのかたち？」と書かれた赤吹き出しの貼物を掲示―

青山　何のための形なのか知りたいね。じゃあ、こちらを見て下さい。（教科書p51のおうむの「問い」のページを指す）一緒に読みます。さんはい。

―児童音読「ふとくてさきがまがったくちばしです。」―

青山　みんなの中から出た言葉はどれだった？
児童　先が曲がった。
青山　先の話は出たね。（板書を見ながら）曲がったは出てないよ。
児童　（曲がったは）丸いと同じ。
青山　丸いだけだと根元が丸いと思う人もいるから、ちゃんと「先が」って言ってたんだよね。じゃあ、もう一度読むよ。

―児童音読「ふとくてさきがまがったくちばしです。これは何のくちばしでしょう。」―

青山　クイズブックでは、「これは、なんのくちばしでしょう。」は何でしたか？
児童　問題。
青山　問題がないと、クイズブックにならないものね。じゃあ、書いておこう。

―「問題」を書くためのプリントを配布―

青山　（教科書p51を示しながら）これと同じページを開いてごらん。
青山　今日は、教科書を見ながら正しく写せるかな。先生は黒板に書かないから、みんなは教科書を

解説
単元を通して「くちばしの形状」と「餌とそのとり方」との因果関係をしっかりと押さえるため、「なんのためのかたち？」という貼物を作成した。

解説
第3時の後、空き時間に「くちばし」クイズブックの表紙を制作した。

第3時　説明文の内容を捉える（2）　49

見て、ますの点々（十字リーダー罫）が入ってるところに、「っゃゅょ」や「、（てん）」「。（まる）」が来るように写してごらん。

―教科書 p51 を視写（5 分程度）。机間巡視―

青山 今、「赤で囲む？」と質問した人がいたけど、赤で囲むのは何でしたか？
児童 問題。
青山 そう、問題を赤で囲みましょう。
青山 （視写後）（p51 にある 2 文の）どっちが問題？ G さん。

―児童、前に出て、後の文を赤で囲む―

青山 合ってます？

―児童たち、うなずく。その後、赤で囲んだ児童がその部分の横に「もんだい」と書く―

青山 「ん」は書くのが難しいけど、上手ですね。

―書いた児童に全員で拍手―

青山 問題の後には何が来るんだったっけ？
児童 答え。
青山 では、みんなでどうぞ。

―スクリーンに教科書 p52 を表示。児童音読「これは、おうむのくちばしです。」―

青山 （今の音読部分で）答えがわかったから後はいらないと思ったんだけどどうかな？
　　　おうちの人に「何のための形？」って聞かれたら、今出ている説明は、「虫が入るため」とか「種が入るため」だね。でも、先生は木をつっつくためだと思うな……H さん、何ですか？
児童 おうむのくちばしは先が丸いからつっつけないと思う。

> **解説**
> 前時までは板書したものを視写させていたが、今回は板書せず、教科書を見ながら視写するように指示している。徐々に視写の難易度も上げている。

> **One Point**
> 視写用のプリントには、「っゃゅょ」や「、（てん）」「。（まる）」を書くところにだけ、十字リーダー罫を入れている。ますの右上に書くという意識を定着させるためである。加えて、十字リーダー罫に小書きの文字や句読点が来なければ、視写し誤っていることに児童が自身ですぐに気づくヒントとなる。

> **One Point**
> 丁寧な字で書けた児童に対して全員で拍手をすることで、児童の自信につなげる。

50　Ⅲ章　「くちばし」全時間の授業

児童　とんがってないと無理。
青山　なるほど、きつつきはとんがってたから木をつっつけたんだ。じゃあ、おうむはどうするのか、（スクリーン上の文を示しながら）さんはい。

―児童音読「おうむは、まがったくちばしのさきで、かたいたねのからをわります。」―

青山　さっき出てた言葉はどれだろう。
児童　種！
青山　種は、この写真でいうと、どこにあるだろう。（児童これだと指摘）これか。何の種かな？　割るだけじゃないんだね。さんはい。

―児童音読「そして、なかのみをたべます。」

青山　種はあるけど実って、どういうこと？　Ｉさん、種はどれで実はどれ？

―児童、前に出て、まずは種を指さす。―

青山　実は？　どこにあるの？
児童　中に入ってる。
青山　じゃあ、外側にあるのは何て言うんだろう？
児童　殻！
青山　わかった、（教科書p52のおうむの写真を拡大して）これが殻で、中にあるのが実っていうんだ（「から」と書く）。中の実は出てこないっていうこと？
児童　割らないと出てこない。

―「答え」を書くためのプリント配布―

青山　答えのページを見ながら書きましょう。答えのところ、どこを青で囲むかわかるかな？　先生にのりで貼ってもらいに来る前に、声に出して読んでたしかめてね。（視写が終わったら、今日書いた二枚を貼り合わせる）。

> **解説**
> ここでも、何のためのくちばしの形状かを他の鳥の形状と比較することで確認した。

> **One Point**
> 文では「実」が出てくるが、写真には写っていない。先生があえてわからないふりをして、児童が前に出てきて説明を求めることは、児童全員が「実」の場所を把握することと、自力で説明できる力の向上につながる。

4 文章構成を捉える

※研究会の日程調整の為、活動4と5は別日に行った。

―おうむのくちばしまでを視写した貼物を掲示―

青山 先生も、みんなと同じように書いてみました。でも、何かが足りない。みんなの本と比べて、何が足りない？

―児童から「題名がない！」などの声が上がる―

青山 本当だ。まず題名がない。それ以外に足りないものを、お隣さんと2つは見つけてください。どうぞ。

―隣同士で話し合う（約1分）―

青山 Aさん、何が足りなかった？
児童 いろいろな。
青山 「いろいろな」のページがない。そうです、最初のページがありません。でもこの文(貼物)には、まだ大事なものが抜けているんです！ みんなのにはあるのに。
児童たち ええっ。
青山 Bさん。
児童 「答え」と、「問題」。
青山 そう、「問題」ってみんなのには書いてあったよね。どこが「問題」だったのかねえ？

―挙手した中で当てられた児童（C）が前に出て示そうとするが、探せずにいる―

青山 Cさん今ね、文がいっぱいあって困っているので、手伝ってあげて。

―他の児童（D）が前に出て、「問題」を示す―

青山 ここが「問題」なんですね。もんだい（声に出しながら、紙に赤で「もんだい」と書く）。Dさんまだ続きがあるの？ どうぞ。

解説
視写の際にデジタル教科書などで「もんだい」「こたえ」を書き込んだが、ここでも再度たしかめる。問い（赤色）と答え（青色）に加え、くちばしの形状を（緑色）、くちばしですることを（黄色）で囲み、視覚的にも理解を助けるようにした。きつつき、おうむ共に、くちばしの形状⇒問題⇒答え⇒くちばしですることという構成であることを確認し、次のはちどりでも同様の構成かを確認するねらいがある。デジタル教科書では画面を大きくすることはできるが、文章の全体を表示することは難しい。文章全体を俯瞰するためには、貼物が適している。

One Point
できなかった、わからなくなってしまった子も理解できるよう、クラス全員で協力し合いながら課題を解決することを目指す。

児童　２問作ってるのに、１問だけはおかしい。
青山　２問作ったね（紙に、もう１つ「もんだい」と書く）。
児童　「答え」もある。
青山　「答え」がどこにあるか、Ｅさん、見つけられるかな？　お隣さんと確かめる時間を10秒だけあげる。どうぞ。

―話し合いの後、児童（Ｅ）が前に出て指さす―

児童　ブブー。
青山　えー、先生はよさそうだと思うけど。Ｅさん、こういうときはね、違うっていうなら、「どこですか」ってみんなに聞くといい。
児童　どこですか？

―手を挙げた子が、前に出て、おうむの文に「答え」を示す―

児童たち　そこ。
青山　みんなで読んでみよう。さんはい。

―児童音読「これは、おうむのくちばしです。」。紙に青で「こたえ」と書く―

OnePoint

間違えてしまった場合は、先生ではなく当該児童に正しい答えを尋ねさせることで、他の子の協力のもと、間違えた児童が退場しないで正しい答えを認識することができる。

―その後、児童から、おうむだけでなくきつつきにも「答え」があると指摘があり、該当箇所を音読させながらこちらにも青で「こたえ」を書いた―

青山　みんな、素晴らしい。実はすごく難しいことをやってたんです。だって、みんなのにはこういうの（教科書のさし絵や写真をコピーした紙４枚を見せる）があったじゃない？　これがないと、わかりづらいよねえ。
青山　この写真が、ここですね（１行目の下に、文に合わないさし絵を貼る）。
児童　違う。
青山　えっ、じゃあここ読んでください。さんはい。

―児童音読「さきがするどくとがったくちばしです。」―

青山　どの写真を合わせたらよかったのかなあ？　Fさん。

―児童が前に出て、正しい挿絵を示す―

青山　これでいいですか？
児童たち　うん。
青山　じゃあ、のりで貼っておきます。次、どうぞ。

―児童はきつつきの「問題」「答え」の文を音読。その後、「答え」の下に、文に合わないさし絵を貼る―

児童　違う。
青山　では、これもだれかにやってもらおう。

―児童（G）が前に出て、正しい写真を示す―

青山　Gさん、これでいいですかって聞いてごらん。
児童　これでいいですか。
児童たち　OK。
青山　じゃあ、この辺に貼っておくことにします。（次の行を示し）さんはい。

―児童音読「ふとくて、さきがとがったくちばしです。これは、なんのくちばしでしょう。」―

青山　さて。おうむだからこれでいいんだよねえ？
児童　だめ、違う！　（その写真は）後を読まないとわかんない。
青山　どれだったら「問題」に合わせてもいい？

―児童が前に出て、正しいさし絵を示す。その後、おうむの「答え」を音読し、写真を選ぶ活動を行った―

> **解説**
> 文章（連続型テキスト）と、さし絵や写真（非連続型テキスト）の正しい組み合わせを問う活動である。これまでは文章と絵・写真で内容を把握してきたが、文章の内容だけで正しく絵・写真を選び取ることができるのか、これまでの内容をしっかりと読み取れているかを確認した。

> **解説**
> 同じ「おうむ」の絵・写真でも、「問題」部分におうむの全身写真が掲載されていては答えがわかってしまう。なぜ「問題」部分がおうむの全身写真では間違いなのかを問いかけ、「問題」「答え」それぞれの文の役割を確認した。

5　はちどりへの興味を喚起し、次時へつなげる

青山　もう一問あるって言ってたね。見てもらおう。

—スクリーンに、はちどりのさし絵を表示—

青山　どんなくちばしかっていうのを見てもらうと、今まで先がとがっていたね。今回は？
児童　しゅーっとなってる！
青山　いい言葉だね！　何みたいかなあ？　Hさん。

—児童が「滑り台みたい」と言った後、前に出て、その部分を指さす—

青山　他にどんな形って言いたいかなあ？　Iさん。
児童　鉛筆よりもとがってる。
青山　この前見た３つ（最初のページのさし絵）で比べっこすると、今日出たこれは何て言ったらいい？　（先を指さし）ここが、いちばん……。
児童　細くてとがっている。
青山　細い！　じゃあ、いったいどんなくちばしって説明しているかを読もうかな。さんはい。

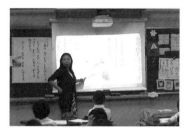

—児童音読「ほそくて、ながくのびたくちばしです。これは、なんのくちばしでしょう。これは、はちどりのくちばしです。」—

> **解説**
> はちどりのくちばしの形状を確認した。おうむに続き自由な発言に加え、「〜みたい」を使った似た形のもの探しや、冒頭のページに戻っての３つのくちばしからの比較をもとに言葉を引き出した。

青山　答えをみんな言ってたね。答えは何？
児童　はちどり。
青山　じゃあ、「はちどりです」って書いてあるの？
児童　「これは、はちどりのくちばしです」。
青山　先生は、答えは「はちどりです」でいいと思うけれど、Jさんは違うこと言ったね。もう一度、Jさん、言ってください。
児童　「これは、はちどりのくちばしです」って書いてある。
青山　「はちどりです」じゃなくって、「これは、はちどりのくちばしです」って書いてあるって。Jさんが何でそんなこと言ったのか。Kさん分かる？

児童　おうむも「くちばしです」って書いてあるから。
青山　「おうむのくちばしです」って書いてあるから？
児童　はちどりも、「これは、はちどりのくちばしです」って。
青山　きつつきのときはどうだった？

―きつつきでも同じように書かれていることを確認―

青山　合ってた？　では、答えを書こう。
児童　先生あともう一個ある。
青山　Jさん、もう一個の理由をどうぞ。
児童　「これは、はちどりです」ってさ、これは「くちばし」のクイズだから、（それだけだと）はちどりのどこを言っているのかわからないじゃん。

―「くちばし」のクイズだから「これは、はちどりのくちばしです」と書くべきという児童の意見を全員で確認し、クイズブックに視写する作業に入った―

青山　まずは問題まで書こう。「問題」は赤で囲むんだったね。

―今後のクイズブックの作業予定について説明―

青山　このクイズブックだと、全員が同じものになっちゃう。おうちの人に渡すのに、何かつまんない感じがしない？　最初に見た、本にもくちばしがあったけど、あの中に自分でもクイズを作りたいものはあったかな？　つばめのくちばしの話の説明で……。
児童　最高何キロ……。
青山　それは、このクイズブックの問題になるかな。
児童　何センチでしょう？
青山　今まで、長さや速さを質問してたかな？
児童　書くとしたら、「これは、なんのくちばしでしょう」の後に説明を書けばいい。
青山　Lさん言ったことは分かった？　問題までは同じにして、説明のところに入れたらいいって。（まだわからない人もいるので）今度もう一回みんなの前で言ってもらおうね。

> **解説**
> 答えを、「はちどりです」ではなく「これは、はちどりのくちばしです」としなければならない理由を確認。前の2事例で同じ述べ方が繰り返されているからと、誰のくちばしかを問いかけているので、「はちどりのくちばし」と呼応させなければいけないから、の2つが出た。児童全員への認識を図るため、次時でも確認する。

> **解説**
> くちばしの形状と、そのくちばしですることを問うて紹介するクイズブックを作成するつもりが、まだ鳥そのものや、くちばしがどれぐらいの長さなのかを問題にしようとしている児童がいた。以降の学習で、目的に合ったクイズブックを作成できるような指導を行っていく。

- 子どもの作品

●「おうむ」視写　※実際の作品は教科書と同様に、左ページは写真、右ページは文言がセットで見開きになっており、「とい」の見開きページの次に「こたえ」の見開きページがあります。

Cさん

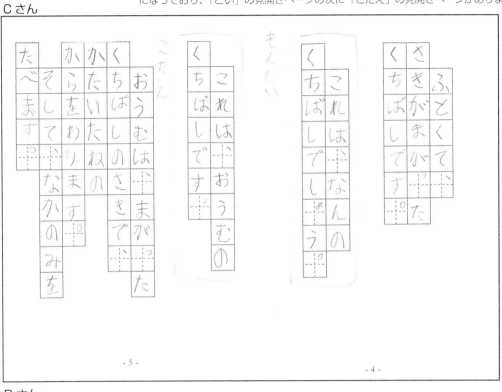

Dさん

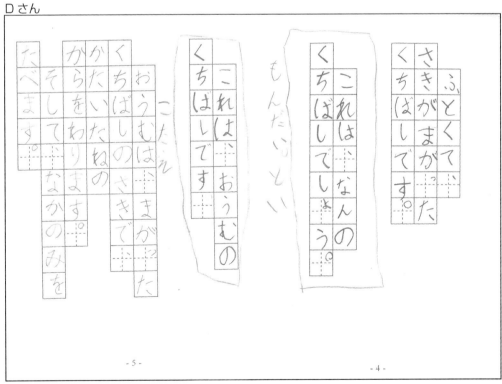

第4時 全体の構成をつかむ
―各文の役割や構成をつかみ、〈はちどり〉の事例を視写する―

1 本時の概要

　第4時では、まず〈きつつき〉と〈おうむ〉の事例を音読し、これまでの学習を振り返る。そのうえで、〈はちどり〉の事例の「答え」、「説明≒何のための形なのか」を押さえながら文章の構成に従って色分けし、クイズブックを完成させる。

　事例同士を比較させ、それぞれの違いは内容理解に、共通点は述べ方の理解の手立てとする。

　自分のクイズも作りたいという児童の声から、まずはオリジナル教材としてダイシャクシギを用意し、後に児童が自ら選択した教材でクイズを作成するための準備を行う。

2 本時の学習目標

- 「問題」=「問い」であることを定着させることができる。
- はちどりの事例における、「答え」「説明≒なんのための形なのか（えさを食べるための形=つくり）」を捉えることができる。
- 次時から書いていくオリジナル教材「ダイシャクシギ」の説明を読む。

1 比較して構成を捉える

―前時使用した、きつつき、おうむの事例の貼紙を掲示。スクリーンには、はちどりのプリントを表示―

青山　では、最初から読みましょうね。読む姿勢大丈夫かな？　先生題名言うからね。「くちばし」、はい。

―児童音読「いろいろな〜くちばしでしょう。」―

青山　今読んだところは何の説明？
児童たち　きつつき。
青山　きつつきの？
児童たち　くちばし。
青山　くちばしの問題だったよね。「問題」っていうと幼稚っぽいので、これからは「問い」っていう、ちょっとかっこいい言葉を使います。

> **One Point**
> 児童が慣れるまで、しばらくの間は「問題」と「問い」の2つの言い方を併用する。徐々に「問い」という言い方のみにシフトしていく。

―きつつきの事例の貼紙に、「とい」カードを貼る―

青山 問題だけだとクイズブックにならない。では、答えを、さんはい。

―児童音読「これは、〜むしをたべます。」。その後、きつつきの事例の貼紙に「きつつき」カードを貼る―

―おうむでも児童が音読し、おうむの事例の貼紙に「おうむ」「とい」カードを貼った―

青山 次は、何の鳥でしたっけね。
児童たち はちどり。

―児童音読「ほそくて〜くちばしでしょう。」―

青山 前回、答えを「それは、はちどりです。」って言ったら、それじゃだめって言った人がいたね。何がだめだったの?

―児童半分ほど挙手―

青山 2つだめな理由がありました。
青山 Aさん。
児童 「それは、はちどりです。」だったら、何がはちどりなの? くちばしなの? それとも羽なの? 何なの? ってなるから、「くちばしです。」って言わないとわかんない。
青山 そうですね。(もう1つの理由は)こっち(一つ目と二つ目の事例)をヒントにしたんだよね。Bさん覚えてるかな?
児童 はちどりも、「これは、はちどりのくちばしです。」って言わないとだめ。きつつきもおうむも……。
児童たち 「おうむのくちばしです。」って言わないとだめ。「これは、きつつきのくちばしです」。
青山 同じ言い方だから、はちどりだけが「はちどりです」じゃだめなんだね。

―児童「これは、はちどりのくちばしです。」と視写―

> **One Point**
> きつつきとおうむの説明文を音読・確認してからはちどりの説明文に移ることで、構成を捉えるための準備をする。

> **解説**
> はちどりのクイズブックを完成させる前に、はちどりの答えの文について、きつつきとおうむの説明文と比較し、答えの文が「これは、○○のくちばしです。」となっていることを丁寧に確認する。この後の自分でクイズを書くときにも重要になる。

展開

2 答えを完成させながら、述べ方や構成を理解する

―スクリーンに、
「☐☐☐、☐☐☐の ☐☐☐☐☐です。
 ☐☐☐☐は、☐☐☐ ☐☐☐☐を、
 ☐☐☐☐に ☐☐。
 ☐☐、☐☐☐☐を ☐☐☐☐。」
という、大部分を隠したはちどりの説明文（デジタル教科書 p53・54）を表示―

児童　隠すのだめ！
青山　だめ？　でも、隠したらわからない？
児童　ぼく、わかる！
青山　今、わかるって言った人たち、答えは何？　「これは、」……。
児童たち　はちどりの。
青山　そうだね。ヒントは「、(てん)」があったことだね。「これは、はちどりの……」。でも、はちどりとは限らないからね。この後、何が入ればいい？
児童　「くちばしです。」。

―児童と確認しながら貼紙に「○これは、☐☐のくちばしです。」と板書し、児童視写―

青山　これだけじゃだめって言ったよね。この後に？
児童たち　説明がない。

―スクリーンを開示して「これは、はちどりのくちばしです。」と答え合わせ。その後、同部分に青で「こたえ」と書く。児童も記入―

青山　今ね、教科書見ないとわかんないって言った人がいたけど、何かをヒントにしてわからないかな？
児童　絵（写真のこと）を見ればいい。
青山　そのために絵や写真がついてるよね。まだある？

―児童10人ほど挙手―

解説
はちどりの説明文では、これまでのように板書をただ視写するのではなく、構成も捉えやすいように穴開き文を使用した。

解説
隠している文には、あらかじめ答えの部分に青囲みをしていた。それでも反応が少なかったため、「これは」まで述べて続きを促した。

解説
ここで「わからない」という声が出たことがよかった。クイズ作りをするときに、何を書いたらよいか戸惑うであろう児童のために、はちどりを例に、きつつきやおうむの述べ方をヒントにすればよいということを伝えることができた。

青山	教科書見ないでも、わかるところがありそうですよ。答えの文で終わっちゃ……。
児童	だめ。
児童	説明がついてる。

―おうむの説明部分を黄色で囲む―

青山	説明だけじゃなくてまだわかるの？　Cさん。
児童	（前に出て、貼紙やスクリーンを示しながら）おうむも（最初は）「おうむは、」ってなってるから、はちどりも「はちどり」は、」ってなる。
青山	きつつきのところはどうだった？
児童たち	「きつつきは、」。

―きつつきの説明部分を黄色で囲む―

青山	確かに「きつつきは、」からスタートしているから、Cさんので合ってそうです。見てみよう。

―「はちどり」は、」と答え合わせし、児童視写―

青山	教科書を見なくても、できちゃいそうだな。Dさん、まだ言いたいことある？
児童	（前に出て、スクリーンの写真を示しながら）このはちどりは、花の蜜を吸っているから、「みつをすっています。」が入るかもしれない。
青山	まだ言いたいことがある人……Eさん。
児童	（前に出て、おうむの貼紙を示しながら）前のところを見ると、「おうむは、まがったくちばしのさきで、かたいたねのからをわります。」って書いてあるから、はちどりも、とがったくちばしで、何かをしますって書いてあるんじゃないかなと思います。
青山	じゃあ、まずは「はちどり」は、」と鳥の名前が入って、どんなくちばしかも入るのか。これ、くちばしで何してる？
児童	花の蜜を吸ってる。
青山	（穴が開いているところには）することが書いてありそうですね。

―貼紙に「○＿＿は、くちばしで」「（黄色字で）す

> **解説**
> 前時に、はちどりの答えの方を考えるためにきつつきとおうむの事例を比較し、文の役割が共通であることに気づいた。そこで、問い（赤色）と答え（青）に加え、4、5文目の「くちばしですること、何を食べるかについて」は黄色で囲わせ、視覚的効果をねらった。

> **解説**
> きつつきとおうむ、はちどりの説明文が同じような表現形式になっていることが、徐々につかめてきた。

> **解説**
> 貼紙に書いていった「くちばし」説明の共通文でも、「答え」の文は青、「説明」に関する部分は黄色で書いている。

第4時　全体の構成をつかむ　61

ること」と追記。児童視写―

―児童と確認しながら、穴開き文の「ほそながい くちばしを、」を答え合わせし、児童視写―

青山 くちばしを、どこに？
児童 花に？
児童 「花に」だったら、そんなに長いの（空欄）いらない。

―隣同士で話し合いをさせる（約15秒）―

青山 はちどりは、細長いくちばしをどうしてる？ Fさん
児童 最後が「に」で終わってるから、「花の中に」。

―「はなのなかに」と答え合わせし、児童視写―

青山 どうしてるか、写真を見て考えよう。「はちどりは、細長いくちばしのを、花の中に」？
児童 入れます。

―「いれます。」と答え合わせし、児童視写―

青山 くちばしですることがわかりました。これで、説明終わり。
児童たち だめーっ。
青山 何でここで終わったらだめなの？　先生がなるほどって思うようにわけを説明して。

―児童10人ほど挙手し、数人が発言―

児童 花の中にくちばしを入れて、何をするのかわかんない。
青山 何をしたのかっていう、その後も大事なんだね。

―スクリーン上のまだ隠されている部分について、児童が「文があることはわかる」と発言―

青山 今、丸1個分の文って言ったよね。最後の文、

One Point
話し合いの時間を設け、どのような言葉が入るのかを相談させる。交流することで、似た意味でニュアンスの異なる言葉を獲得する。語彙の豊かさや表現の多様さにつながる。

One Point
理由まで説明させることで、児童も一生懸命説明しようとし、聞く側も発言者がどうしてそのように思ったのかを理解できる。説明する力をつけていきたい。

　　　　　きつつきはどう書いてあった？　Gさん。
児童　（前に出て、おうむの貼紙を示しながら）ここに「そして」があるから、黄色のところ（空欄）にもあるのかなって思う。

—きつつきとおうむの説明文貼紙の「そして」を黄色で囲む。その後、「そして、」と確かめ—

青山　「そして」、どうするかだね。きつつきとおうむの最後の文を比べっこすると、何かわかりそうだ。みなさんで読んでみましょう。さんはい。

—児童音読（きつつき）「そして、きのなかにいるむしをたべます。」、（おうむ）「そして、なかのみをたべます。」—

青山　一緒だったところを皆さんでどうぞ。
児童たち　「たべます」。

—きつつきとおうむの説明文貼紙の「たべます」を黄色で囲む。その後、スクリーン上のはちどりの文「はなのみつを」確かめ—

児童　でも、はちどりは「食べます」じゃない！
児童　蜜は「食べます」じゃなくて「吸います」！
青山　確かめてみましょう。

—「すいます」。確かめ。その後、はちどりの説明を黄色で囲み「せつめい」と追記—

—掲示物にも、「○そして、□□をたべます。／すいます。」と追記し、説明部分を児童視写—

青山　説明がないと、問いと答えだけになっちゃうものね。
青山　（はちどりを）教科書見ないでできたから、みんながやりたいって言ってた他のくちばしクイズも作れるかな？
児童　できそう！

解説
きつつきとおうむの説明文には「そして」「たべます」という共通した言葉があることを見つけ出し、はちどりの隠れている文を推測した。比較と推測の思考の耕しとなる。

解説
はちどりの説明文が、きつつきとおうむの説明文と違うのは、花の蜜を「食べる」のではなく「吸う」点。餌の食べ方を説明する文には、「食べます」以外の言葉が入る可能性があることをここで押さえておくと、児童が自分で書くときに対応できる。

解説
教科書を見ないとわからないかもと言っていた児童たちが、自分でもクイズブックを書けそうと自信をもつことができた。

第4時　全体の構成をつかむ

3 新たな鳥についてのクイズを書く

―スクリーンに、ダイシャクシギのくちばしのさし絵を表示―

青山 これで(さし絵だけ)で書けるかな？
児童 名前がわからない。
青山 答えの「何とかのくちばしです」の名前が書いてあればいいのね！　後は大丈夫？
児童 だめ！　説明がない。
青山 説明って何を知りたい？
児童 例えば速さとか。
青山 速さが知りたいの？
児童 食べるもの。
児童 どんなくちばしか。
青山 (この教材の)最初に、何のためのくちばしかを知りたいよって言ってたね。じゃあ、これ(画面の鳥を指示しながら)は、何のためだろうね？

―以前から使用している「なんのためのかたち？」と書いた吹き出しの貼物を、ここでも掲示。その後、ダイシャクシギの説明が書かれたプリント(オリジナル教材)を配布―

青山 まずは、名前がわかるかな？　みんなでゆっくり読んでみよう。さんはい。

―児童「ダイシャクシギ」の説明文を音読。
「これは、だいしゃくしぎのくちばしです。
　だいしゃくしぎは、うみにすんでいます。
　だいしゃくしぎは、(　　)くちばしをすなのなかにふかくさしこみます。
　そして、すなのなかのかにやかいをたべます。
　そのために、☐くちばしをしています。」―

青山 (鳥の)名前がわかった人？

―児童大半が挙手―

解説
くちばしの説明に何を書いたらよいのかが児童に定着できていないことがわかる。くちばしが、餌を食べるための形であることを繰り返し丁寧に押さえる必要がある。

解説
ダイシャクシギのオリジナルテキストが書かれたプリントを配布した。一部を(　)や☐で隠し、まずは空欄部分に何が入るかの作業を行う。その後、「くちばし」のクイズブックにするために、テキストを教科書の文構造に沿ってリライトする活動を行っていく。

青山　さんはい。

児童たち　ダイシャクシギ！

青山　食べるものは何でした？

―隣どうしで話し合いをさせる（5秒）―

青山　食べてたもの、どうぞ。

児童たち　蟹や貝。

青山　どうやって食べるのか、…くちばしで「すること」を書かないと、くちばし図鑑にならないよね。

青山　このプリントは答えと説明だけです。これだけでクイズになる？

児童　問題も必要！

児童　問いと答えと説明が必要！

青山　問いからスタートじゃだめ？

児童　うん、だめ。

児童　問いの前に……。くちばしの形。

青山　も、必要だよね。次からオリジナルのクイズをみんなに作ってもらいます。そのために、いっぱい青山図鑑を用意しておきました。

―スクリーンに写真を表示して、様々なくちばしの鳥を紹介。簡単な形状の考察をした―

> **One Point**
> 図鑑にはくちばしの絵を描いてもいいし、プリントに載っている写真を貼ってもいいと説明。絵を描くのに時間がかかることが多いので、文を書くのに集中させるために、貼り付けられる写真を用意した。

> **解説**
> クイズブックには「くちばしの形」「問い」「答え」「説明」の文が必要であることを確認した。

> **解説**
> 特徴的なくちばしをもつ鳥の写真を紹介して、児童の図鑑制作意欲を高める。名前や何を食べるかといった内容は明かさないことで、児童の想像を膨らませる。

●**子どもの作品**
●「だいしゃくしぎ」リライト教材

第4時　全体の構成をつかむ

第5時 ほかの鳥について、クイズ形式の説明文を書く
―リライト資料から情報を読み取り、「くちばし」の説明の仕方に則った説明文を書く―

1 本時の概要

　前時までに教科書の文章はすべて読み取り終えている。第5時では、「くちばしクイズブック」を作るという目的のもとに、教科書外の文章（ダイシャクシギに関する文章）を読み、その文章の構成を確認する。「くちばしの形」「問い」「答え」「説明」に分け、最終的に「○○を食べる」を説明するために展開されていることに気づかせる。

2 本時の学習目標

- ダイシャクシギの文章を読み、「くちばしクイズブック」に使えそうな部分を検討しつつ、文章の構成を捉えることができる。
- 今まで読んできた文が、すべて「○○を食べるために××の形をしている」という因果関係で書かれていたことを捉え、「くちばし」の形状を説明するときは、最後の「○○を食べる」に対応した形を想定して書かなければならないことを理解できる。

1 前時の振り返り

青山　用意するのは、くちばしクイズブックとそれから、（前時に配った）新しいプリント。何についてのプリントでしたか？
児童　ダイシャクシギ。
青山　プリントに、番号と名前が書いてあるかな。

―書いた児童は、自分のクイズブックを音読して待機―
―全員の準備が整ったところで―

青山　みんなで一緒に読んでいきます。さんはい。

―児童、「くちばし」全文を音読―

青山　はちどりの答えを男の子だけで読みます。

―男子音読「これははちどりの〜みつをすいます。」。その後、女子だけで同範囲を音読した―

> **One Point**
> 番号・名前を書くのは、自己管理させるのに必要な作業。紛失を防ぐことにつながる。音読中、全員が書いているかを確認している。また、本活動では、クイズブックにリライト資料の写真を切り取って貼らせるため、きちんと管理させる必要がある。

> **One Point**
> 複数回読ませることは、「答え」に当たる部分を意識させ、前時の復習となっている。

展開

2 文章構成の確認

―貼紙掲示：●これは、（　　）のくちばしです。●（　　）は、くちばしで（　　）をします。●そして、（　　）をたべます／すいます。きつつき、おうむの説明文貼紙も掲示している―

青山　（貼紙の●１つ目を示しながら）はちどりのところの答えは、「これは、はちどりです。」じゃなくて「これは、はちどりのくちばしです。」でしたね。だから、括弧には鳥の名前が入る。

―貼紙●１つ目の右側に青字で「こたえ」、括弧に「とりのなまえ」と書き、文を青で囲む―

青山　これが「答え」ってことは、勉強しました。（貼紙の●２つ目、３つ目を示しながら）その後が「説明」でしたね（●２つ目、３つ目を黄色で囲む）。説明は、２つあったね。１つ目の説明は？
児童　くちばしで何をするか。
青山　そう、くちばしですることが書いてありました。（●２つ目の上の括弧を示しながら）最初の括弧には何が入る？
児童　鳥の名前。
青山　そう、「くちばしで」の前には、細長いなどどんなくちばしか書かれていました。次の括弧は？　きつつきはどんな言葉が入ってた？
児童　「きにあなをあけます。」。

―おうむ、はちどりも同じ部分の文を確認―

青山　括弧には、くちばしですることが入りますね。

―児童に説明しながら、貼紙●２つ目と３つ目も囲む。●２つ目の最初の括弧に「とりのなまえ」、その下の空欄に「どんな」、次の括弧に「すること」と書く―

青山　（●３つ目の括弧を示しながら）最後の括弧には、「みつ」や「むし」が入るとは限らないね。食

> **解説**
> 教科書に書かれている３つの説明文に共通している書き方をまとめている。これらの基本文と同じように書けば他の鳥のくちばしの説明文が作成しやすくなることを意識させ、児童に書かせるときのヒントにさせる。

> **One Point**
> 貼紙の●２つ目、３つ目は「説明」なので本来は黄色で書き込みをするが、児童が見えにくいので橙色を使っている。児童の作業には、黄色を使用させている。

> **One Point**
> 「答え」ページの文章を、空欄補充の形式で確認したので、「問題」ページではヒントを提示していないが、今まで文章中で何度も確認してきたので、児童も答えることができる。

べ物は鳥によって？
児童　違う。

―貼紙●3つ目の括弧に「たべもの」と書く―

青山　答えのページは、これで書くことができるね。でも、問題を作るには、これ（今までの貼紙）だけじゃ困るね。問題のページは、最初どんなことが書いてあればいい？（新しい模造紙を用意する。）
児童　「これは、なんのくちばしでしょう。」
青山　そう、それは何て言うんだった？　どうぞ。
児童　問い！
青山　はちどりの問いが書いてあるページ開いてごらん。「もんだい」って書いてある下に新しく勉強した「とい」と書こう。

―新たに真っ白な貼紙を掲示。「とい」「●これは、なんのくちばしでしょう。」と書き、赤で囲む―

青山　問いからスタートした？
児童　違う。どんな形のくちばしかが書いてある。
青山　きつつきは、どんな形だった？
児童　先がするどくとがった形。
青山　おうむだったら？
児童　太くて先が曲がった形。
青山　じゃあ、それを緑で囲んで、何て書こう？
児童　形。
青山　形なら何でも良かったのかな？（「なんのためのかたち？」貼紙を提示）
児童　何のための形。
青山　何のための形かに合わないとだめでしたね。ねえ、（ここでしっかり注目させる）何のために、木に穴を開けたり、硬い種の殻を割ったり、花の中にくちばしを入れたりしたんだろう。3つに同じ（＝共通する）「何のために」が言える？　これはよく考えないと、すごく難しい。

―4、5人挙手。何人かに当てながらまとめていく―

児童　そういうことしないと、食べるために……。
児童　何にも食べなかったら死んじゃうもん。
児童　生き残るため。
青山　そうだね。食べるためにどんな形をしているの

解説
クイズブックには、第3時に「もんだい」と書いていたが、前時に「とい」という用語を学習した。クイズブックにはまだ「とい」と書いていなかったので、書いて身に付けさせた。

One Point
「問い」を赤、「答え」を青、「説明」を黄色で書くこと、囲むことに続き、「くちばしの形」を緑で表すことを指導した。これで、今回の説明文全ての文の色分けが可能となった。

解説
抽象化の問題。1年生には難易度が高い。なかなか答えが出ないこともあり得る。それぞれの鳥の説明の最後が「○○をたべます（すいます）」だったことに注目させることで導く。

かを説明しないと、
児童　クイズブックにならない。

—貼紙に、緑で「なんのため？」「●くちばしのかたち」「たべるためのかたちのせつめい」と書く—

青山　ダイシャクシギは種を食べる？
児童　違う。食べない。
青山　そう、これからみんなが選んで書く鳥は、必ず種を食べるとは限らない。

展開

3 「答え」や「説明」を見つける

青山　じゃあ、ダイシャクシギでやってみよう。名前はわかったね。
児童　だけど、それだけじゃ問題は作れない。
青山　（「ダイシャクシギ」のプリントをスクリーンに表示）青山図鑑で「ダイシャクシギ」の問題が作れるか、プリントを見てください。

—児童音読「これは、だいしゃくしぎのくちばしです。」—

青山　ここ、（クイズブックの）どこかで使えそうだね。
児童　答え！
青山　では、そこを青で囲もう。

—プリントの音読部分を青で囲み、「こたえ」と書く—

青山　次、どうぞ。

—児童音読「だいしゃくしぎは、うみにすんでいます。」—

青山　（教科書には）住んでるところの説明はあった？
児童　なかった。
青山　じゃあ、ここは書かなくていいね。

—児童音読「だいしゃくしぎは、〜さしこみます。」—

青山　「差し込みます」ってどうすることかな？

解説
青山図鑑には、「住んでいる場所」という不要な情報も入れた。説明するのに必要な情報だけを選び取る力もつける。

解説
児童がつまずきそうな、「差し込む」の意味を確認した。授業で確認することで、今まで「差し込む」を説明できなかった子の語彙の増加にもつながる。

第5時　ほかの鳥について、クイズ形式の説明文を書く　69

児童　「入れる」！

―引き続き児童音読「そして、すなの～たべます。」―

青山　印つけができそうなところは、あった？
児童　うん、黄色（説明部分）。
青山　どこが黄色？
児童　「そして」。
児童　「たべます」。
青山　まだ、くちばしですること書いてある？
児童　書いてある。
児童　書いてない。
青山　書いてあるっていう人と書いてないっていう人がいますね。今、見つけたのはここ（「そして、すなの～たべます。」）ですね（文を囲む）。まだ黄色の丸をつけられそうなところはありますか？

児童　はい（数人挙手）。
青山　くちばしですることがまだあるそうです。探してごらん。

―1分時間をとる。その後、児童数人挙手―

青山　（3人指名）前に出て、印をつけたらいいと思うところを指してみて。

―3人とも、「すなのなかにふかくさしこみます。」のところを指す―

児童　同じだ！
青山　3人が指してくれたところは、くちばしですることかな？　一緒に読んでみよう。

―児童、先ほど示したところを含んだ文を音読―

青山　することが書いてあったね。黄色で囲んでおこう（文を囲む）。黄色の丸が2つになりました。では、「そのために」この鳥はどんなくちばしをしているのかな？　プリントの（空欄の）四角の中に、どんなくちばしをしているか書いてね。

―児童はプリントに形状を書く。その間、スクリーンにくちばしの長さを他の鳥と比較したさし絵を書画カメラで表示―

70　Ⅲ章　「くちばし」全時間の授業

青山 （さし絵を示しながら）ダイシャクシギは、いちばん左です。
青山 （Aさんのプリントを表示）Aさん読んでみて。
児童 そのために、曲がったくちばしをしています。
青山 曲がったくちばしだって。次はBさん（プリントを表示）。Bさん、読んでみて。
児童 先が下に曲がったくちばしをしています。
青山 確かに、下に曲がってるね。Cさんは？
児童 細くて曲がったくちばし。
青山 3人の意見を合体させると、かっこよさそうだね。「曲がった」と「細くて」、「先が下に曲がった」って書いてたね。

―「さきがしたにまがった」「ほそくて」板書―

青山 確かに、この絵（ダイシャクシギ）は下に曲がってるけど、これ（別の鳥を示す）は上に曲がってる。「曲がった」だけじゃ、どっちに曲がってるのかわからない。さあ、書けたかな。ここは、何色かで囲えない？
児童 黄色？
青山 黄色？ 問いじゃないから赤は違うね。ダイシャクシギは、カニを食べるためにどんな形なの？
児童 下に曲がった形。
青山 ということは、何色で囲めばいい？
児童 緑。
青山 では、「そのために」から緑で囲みましょう。でも、まだクイズにならない。赤で印をつけたところがないよね。明日、みんなで一緒に本に書いていきます。

> **One Point**
> 取り上げた児童の意見を肯定的に評価する。今回は順番にも気をつけ、「曲がった」の後に「先が下に曲がった」を紹介した。取り上げた3人の意見を合体させるということも、それぞれの意見を採用できるよう心掛けた。

> **解説**
> テキストには次単元『じどう車くらべ』での学習を見越し、くちばしの説明として教科書にはなかった「そのために」の文言を補足。仕事（食べる餌）とつくり（くちばしの形状）の因果関係を捉えやすいようにした。

●子どもの作品
●「だいしゃくしぎ」視写

※実際の作品は教科書と同様に、左ページは写真、右ページは文言がセットで見開きになっており、「とい」の見開きページの次に「こたえ」の見開きページがあります。

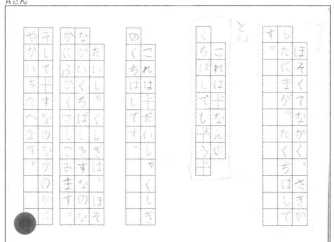

第5時 ほかの鳥について、クイズ形式の説明文を書く

第6時 目的に沿って説明文を作る
―〈ダイシャクシギ〉のクイズブックを完成させる―

1 本時の概要

第6時では前時に引き続き、説明文をもとにして必要な文を取捨選択したり、自分なりに文言を選び取ったりして、〈ダイシャクシギ〉のクイズブックを完成させていく。

また次時に授業の仕上げとして行う「オリジナルのくちばしクイズ」作成へ向けて、児童がクイズの文章を、自信をもって書くことができるよう授業を展開していく。

2 本時の学習目標

- 文章やさし絵をもとに、〈ダイシャクシギ〉のくちばしの形状を、自分なりに表現して書くことができる。
- 各文の役割と書き方を理解し、オリジナルのクイズ作成に向けての要点をつかむことができる。

導入

1 前時の振り返り

―まず、プリントからダイシャクシギのくちばしのさし絵を切り抜き、クイズブックに貼った。作業を終えた児童は音読。スクリーンにはダイシャクシギのプリントを表示―

青山 （ダイシャクシギのさし絵を見せながら）ダイシャクシギのくちばしは変わった形してたね。普通のくちばしとはちょっと

青山 違ってたね。みんなで声をそろえて読みましょう？「これは」からね。さんはい。

―児童音読「これは、だいしゃくしぎの〜たべます。」―

青山 ストップ！「そのために」どんなくちばしだった？（3人あてる）の順で、どうぞ。

児童 ちょっと丸い。

児童 細くて長く、先が下に曲がっている。

児童　長くてとがって下に曲がっているくちばし。

―3人の発言を復唱しながら、内容を板書―

青山　（出た意見をもとに）他に、これは言ったほうがいいなあって言葉ある？　みんなの写真見ると、くちばしの先で何を食べてるんだっけ？
児童　かに。
青山　砂の中にいるかにを食べるには、どんな形だったらいいかな？　お隣さんと、どの言葉を入れたらいいか話してみて。どうぞ。

―話し合い（1分）―

青山　ストップ！　この言葉は絶対入れるといいというのは、考えたかな？　（3人あてる）。どうぞ。
児童　細くて長くて……。

―板書した中で、発言で出た言葉を丸で囲む（他2人の発言でも同）―

青山　他のくちばしと比べてどう？　太さ細さは？
児童　細い。
青山　それから？　細いと、あとは何を入れたかった？
同じ児童　先が下に曲がっている。
青山　先が下じゃなくって、上に曲がっているのもいたもんね。（次の人）どうぞ。
児童　細くて、先が曲がった。
児童　曲がっている。
児童　長く。
青山　ここまでにしよう。あんまりいっぱいだと長すぎちゃうから。これは何色で囲むんだっけ？
児童　緑。
青山　みんなの緑の四角の中に、「細くて」は入ってる？
児童　ある！
青山　「長く」はある？　「先が下に曲がって」はある？　「下に」も書いたほうがいいね。

One Point
前時でどんなくちばしの形かを発言させたが、再度発表してもらった。前時よりも形を表現する語彙が増えている。

解説
他のくちばしと比較させることで、説明しなければならない特徴が明確になる。

One Point
発言を教師がまとめるのではなく、どの言葉を入れたらいいのかも意見を出し合って決めた。

One Point
「くちばしの形」の文は緑、「問い」は赤など、色分けの意識が定着してきている。

第6時　目的に沿って説明文を作る　73

展開

2 ダイシャクシギのクイズブック作成

―前時に書いた、「なんのため？」や「とい」が書かれた貼紙を掲示―

青山 よし、そしたら、緑の箱（囲み）でなっているところ。一緒に書こうかな。最初はどういう風に書いたらいいんだろう？
児童 ダイシャクシギ。
青山 から、言っちゃっていいの？
児童 もう答えになっちゃう。
児童 これは、なんのくちばしでしょう。
青山 から、書く？
児童 違う。細くて長く。
青山 そうだね。細くて……。

―スクリーン上のクイズブックに、「くちばしの形」を記入していく。児童も自分のシートに書く―

青山 今回から点々（十字ミシン罫）がないからね。先生はここ（「ながく」の次）で一回「、(てん)」を入れよう。長くなっちゃうから。
青山 先が下に曲がった……で終わっていい？
児童 くちばしです。
青山 そう、最後は「くちばしです。」で終わらなきゃいけない（模造紙にも記入）。
青山 今書いたくちばしの形に、先生は緑シールを貼るね。後でみんなにもシールあげる。

―書いた右上に緑シールを貼る―

児童 「。(まる)」はお邪魔します？
青山 いちばん下のますに来たら、お邪魔しますだよ。
青山 書けたら自分で声に出して読んでごらん。合っているかどうか。

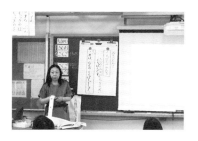

One Point
ダイシャクシギの文では、児童の意見をまとめてくちばしの形を決めた。そのため、まずは視写のときと違い、ぴったり収まる文字数になっていない。句読点や小書きの文字が入るスペースも決まっていないため、十字ミシン罫も入っていない。児童にとっては、レベルアップ感をもつことができる。

One Point
各文の初めには、各色で「●」を手描きしていたが、作業短縮のために「●」シールを配布する。

―児童、音読始める。机間巡視―

青山 Aさん、もう次のところも書いてるね。次、何色の丸のところを書いた？
児童 赤丸を書いた。
青山 赤って何だった？
児童 問題！ 問い！
青山 何書いたらいいのか、皆さんでどうぞ。
児童 「これは、なんのくちばしでしょう。」

> **OnePoint**
> 「お邪魔します」とは、句点を次の行の一番上のますに書かなければならない場合、最後のますの中に、文字とともに書くこと。学級内のルールとして決めている。

―スクリーン上のクイズブックに、「問い」を記入していく。児童も自分のワークシートに書く―

児童 「問題」と「問い」どっちで書いたらいい？
青山 もう「問題」を使わなくても大丈夫だね。「問い」って書いておこう。

> **OnePoint**
> うまく書けたと思っても誤字や脱字が見つかることもあるので、音読して正しく書けているかを確認させる。

―視写を終え、書いた部分をそれぞれ緑、赤で囲む―

青山 これでもうOK？
児童 だめ。
児童 答えがない。
青山 そう、これじゃ問題で終わっちゃうね。

―答えを書くための新しいプリントを渡す―

―スクリーンに答えのプリントを表示。前時に書いた「こたえ」「せつめい」が書かれた貼紙も掲示―

青山 答えだから、青だね。何を書くかというと？
児童 「これは、だいしゃくしぎのくちばしです。」
青山 そうですね。青の後ろに2つあるけど、今度は何色だっけ？
児童 黄色。
青山 そう、黄色の説明。昨日のプリントに、説明のところはあったかな？ 答えの青四角はある？ みんなのプリントに。まず答えをみんなで読んでください。さんはい。

第6時 目的に沿って説明文を作る 75

―児童音読「これは、だいしゃくしぎのくちばしです。」―

青山 説明のところを読みましょう。さんはい。
青山 （児童が「だいしゃくしぎは」まで読んだ後）ストップ。□なくちばしじゃなくて、どんなくちばし？　どれ入れよう？
児童 ほそくてながい。
青山 「細くて長い」はもっと短い言葉で言えない？
児童 細長い。

―スクリーン上に「ダイシャクシギ」テキストを表示し、括弧に「ほそながい」と記入。児童も書く―

青山 じゃあ、「ほそながいくちばしを」から。さんはい。

―児童音読「ほそながいくちばしを、～たべます。」―

青山 もう、先生と一緒に書かないでも大丈夫かな？　青いシールと、黄色いシールで、ここに書くよっていうヒントだけ出しておくね。みんなは自分のプリントで四角に囲んだところをよーく見ながら書いてね。

―机間巡視。その後、ワークシートの青に記入―

青山 先生（青は）4ます余りました。2か所しかないけど、（黄色にも）ヒント書いておくよ。

―スクリーン上のプリントの黄色●の文に、冒頭の「だいしゃくしぎは、」「そして、」のみ書いておいて「ヒント」とする―

青山 （書き終わった児童を見て）書き終わった？　声に出して読んで、大丈夫だったら、貼ろう。「すんでいます。」はいらなかったよね。

―書き終えた児童のクイズブックをスクリーンに表示し、視写の参考にさせたり、糊付けを終えたクイズブックを紹介したりした―

解説
青の「答え」文、黄色の「説明」文をすぐに理解して、音読を始めることができている。

One Point
「細くて長い」は「細長い」と言い換えることができると確認。語彙を広げる。

One Point
引き続き、視写の姿勢や小書きの文字などを指導する。しっかり意図に沿った内容が書けているかも確認する。

青山 もう（ダイシャクシギのテキストの）上の方にある写真は切りましたか？　これをクイズブックに貼るので、大事です。今日はみんなで一緒に作りましたが次からは、自分が作りたいくちばしで問題を作ります。一緒には作らないよ。

―次時のオリジナルのクイズブック作成時に、テキストから各役割の文を見つけ出してクイズブックに書いていった流れを忘れないよう、ダイシャクシギのテキストはノートに貼るように指示した―

●子どもの作品
●「だいしゃくしぎ」視写

※実際の作品は教科書と同様に、左ページは写真、右ページは文言がセットで見開きになっており、「とい」の見開きページの次に「こたえ」の見開きページがあります。

Aさん

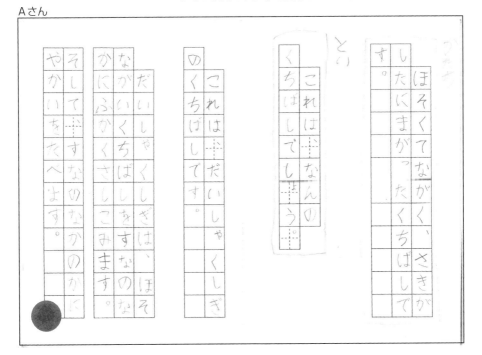

第6時　目的に沿って説明文を作る　77

第7・8時 『くちばし図鑑』を作り、交流する
―自分が選んだ鳥についてクイズを書く―

1 本時の概要

単元のまとめにあたる部分である。第7時では、まずはこれまでの学習の振り返りとして、児童をグループに分けて、指定した場所を交互に音読させることで、「くちばし」がどのような構成になっているかをおさらいする。

次に、教師が用意した複数のリライト教材から児童が自分で選んだ鳥についてクイズを書くために、何を書いたらよいかを確かめる。自分のクイズが書けたら、同じ鳥を選んだ友達と互いに読み合う。第8時もクイズづくりと交流を続けて行う。

2 本時の学習目標

- これまで学習してきたことを生かし、自分が選んだ鳥についてクイズを書くことができる。
- 友達とクイズを読み合い、対話によってクイズブックを完成させることができる。

1 これまでの学習を音読して振り返る

青山 音読が上手になったか、聞いてみたいと思います。

―「形と問い」、「答えと説明」を読むグループに分け、それぞれがどこを読むかを指示―

青山 最初の「いろいろな」はみんなで読むよ。どこがいちばん上手に読めるかな？ 先生が題名を読むからね。間違えずに自分の読むところを読んでください。「くちばし」はい。

―児童は指示どおりに、「きつつき」〜「ダイシャクシギ」まで音読―

青山 自分が読むところがわかったかな？

> **解説**
> 読む場所を指定して音読させることで、文章の構造を把握できているかを確認する。他の児童の音読を聞き、どこが、自分が読むところかを把握している必要がある。

展開

2 好きな鳥を選び、クイズを書く

―以前使用した「なんのため」「とい」「こたえ」「せつめい」の基本文が書かれた貼紙を掲示―

青山 昨日はみんなでクイズを作ったけれど、今日は自分で選んだ鳥のクイズを作るから難しいよ。（前時は全員がダイシャクシギについて書いたが、本時は児童一人一人がクイズを作りたい鳥を選ぶ。）できるかな？　今から用意した青山図鑑を見せます。

―1つ目をスクリーンに表示し、紹介―

児童 カメレオンだ！
青山 でも、カメレオンだったら鳥じゃないよね？みんなはこれを書くためには、何を知りたかったんだっけ？
児童 くちばし！
児童 ヨタカって書いてある！
青山 そうだよね。ヨタカっていうのは、これは何？
児童 名前！
青山 名前だね。Aさん、名前は何色に関係する？緑の「形」に書くのか、赤の「問い」に書くのか、青の「答え」に書くのか、説明の「黄色」に書くのか、ヨタカってどこに必要？
児童 「ヨタカのくちばしです。」っていうのは、答えに書く。青！
青山 じゃあ、（貼紙を指示するから）そこですって言ってね。「形」なのか、「問い」なのか、「答え」なのか……。
児童 （「答え」を指示したとき）そこ！
青山 「答え」に関係するんですね。

―前時の、ダイシャクシギの説明文を色分けしたプリントを画面で表示―

> **OnePoint**
> 他のみんなとは違う、自分で選んだ鳥についてクイズを書くので、児童はモチベーションが高まり、一生懸命になる。教師が提供したものばかりではなく、自分で「選ばせる」ことにより、主体的な取り組みが期待できる。

> **解説**
> ヨタカの例を使って、クイズを書く前にすべき手順を想起させ、児童が作業に取りかかりやすいようにする。

青山　もしヨタカを選んだ人は、ダイシャクシギのときにやったみたいに、最初に文の中でこれは「答え」に使うぞってところは青で四角にします。

―2つ目の鳥を画面で表示して紹介―

児童　ペリカン？
児童　ペリカンみたい！
青山　なんだか大きいです。はい、3つ目は……。

―以降、いくつかの鳥をスクリーンに表示して紹介した―

青山　これからやることを説明します。

―手順を説明しながら板書、プリント（青山図鑑）を用意―

青山　まず、青山図鑑を選びます。
　　　選んだら、最初に2回音読します。
　　　2番目に、クイズブックに作るときの4色で囲みます。何色で囲んだらよいか中身をよく読んでね。囲み方を忘れちゃったら、ダイシャクシギのノートを見返せばわかるね。
　　　3番目は、先生のところに問いの紙を取りに来てください。それもできた人は、答えの紙を取りに来てください。
　　　途中で難しくってわからなくなったら、先生に相談してもいいです。でも、昨日、先生役がとっても上手な人たちがいたので、同じ鳥を選んでいる友達と相談してもいいです。

―児童はプリントを取り、自分が選んだ鳥の下に名前カードを貼って、クイズを書き始める―

―以降、児童はクイズブックづくり。その間に、机間巡視や助言を行う―

解説

児童が自由に選ぶ素材には、ヨタカ、ペリカン、ベニヘラサギ、イスカ、ハシビロコウ、ハサミアジサシ、タニシトビなど、くちばしの形が特徴的で、餌のとり方との関係を捉えやすい種類を選んだ。どれも、ダイシャクシギと同様のテキスト教材をもとにクイズブックを作成する。

青山　付け足していいですか。Bさんは「そのために」のところまで書いているんですけど、くちばしの形を表すもっといい言葉があるかもしれない。ですから、「そのために」の前まで終わったら、同じ鳥を選んだ友達……最低2人とは一緒に読み合ってください。そして、いい言葉があったら変えていいです。

―友達と話し合い、自分の好きな鳥についてのクイズを推敲する児童に助言して回る―

青山　ストップ。もうすぐチャイムが鳴っちゃうのでもう1時間、明日も時間をあげます。きちんとしまっておきましょう。「もう1問作っていいですか」という質問がありました。いいですよ。明日は、青山図鑑をもう2種類くらい増やします。Cさんのように中休みに続きをやってもいいです。

青山　明日仕上げれば、金曜日に持って帰っておうちの人に見せることが？

児童たち　できる。

―次時も続きを行い、クイズブックを完成させた―

> **解説**
> 同じ鳥を選んだ友達同士で、話しながら文章をまとめていくことで、対話的なアプローチから取り組ませる。

第7・8時　『くちばし図鑑』を作り、交流する　81

● 子どもの作品

● オリジナルクイズブック

Aさん

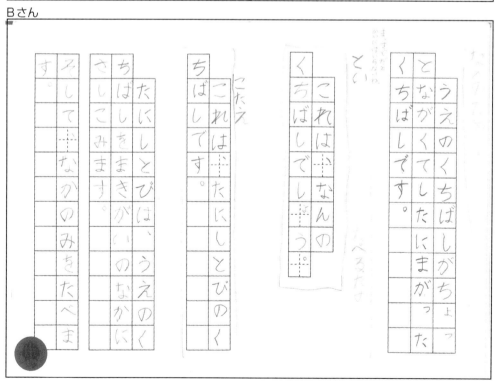

Bさん

※実際の作品は教科書と同様に、左ページは写真、右ページは文言がセットで見開き
　になっており、「とい」の見開きページの次に「こたえ」の見開きページがあります。

Bさん

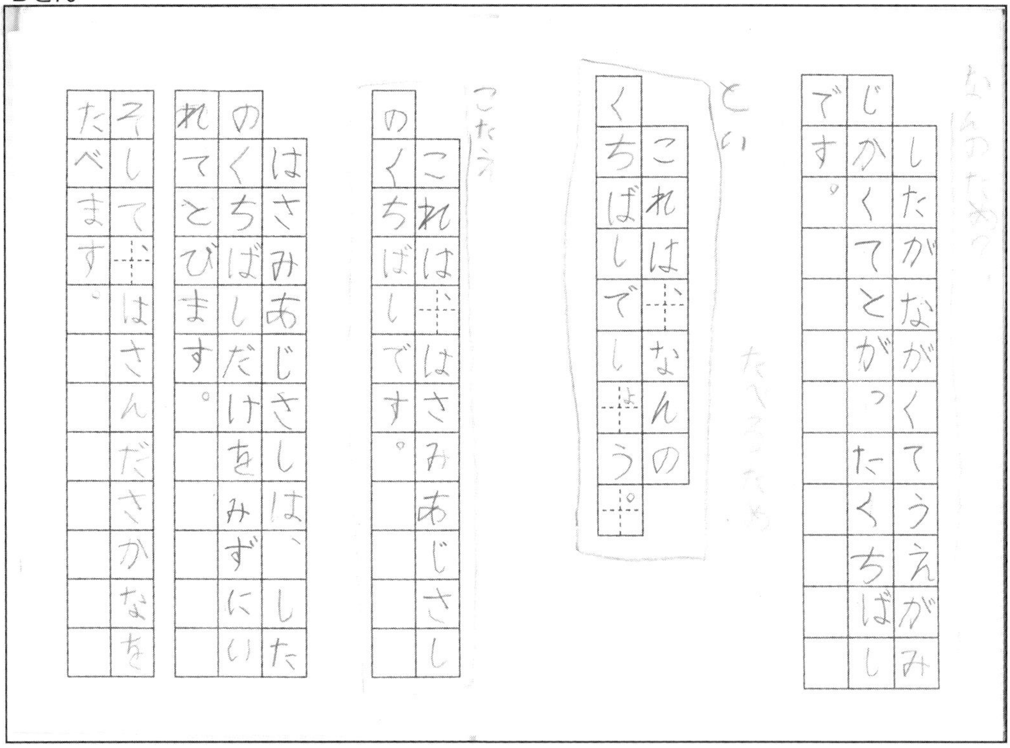

（かわせみ）

じかくて したが ながくて とがった くちばし です。

とい

これは なんの くちばし でしょう。

こたえ

これは はさみあじさし の くちばし です。

はさみあじさしは、した の くちばしだけを みずに いれて とびます。そして はさんだ さかなを たべます。

Cさん

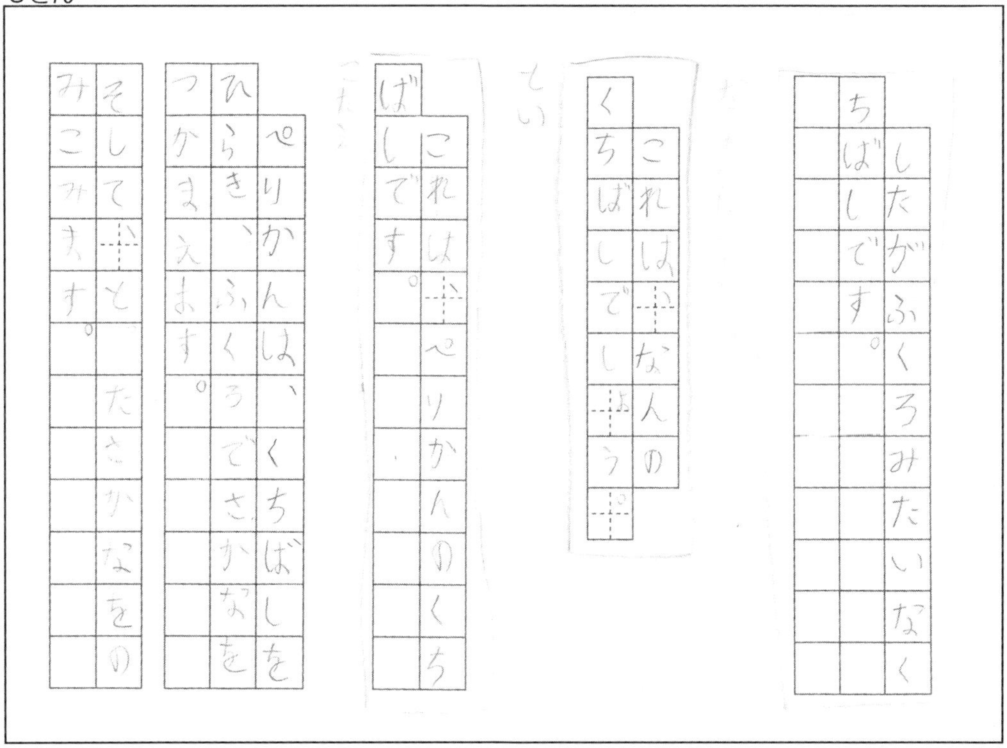

したが ふくろみたいな くちばし です。

とい

これは なんの くちばし でしょう。

こたえ

これは ぺりかんの くちばし です。

ぺりかんは、くちばしを ひらき、ふくろで さかなを つかまえます。そして みこみます。

そして みこみます。 たさかなを の

- 子どもの作品
- ●オリジナルクイズブック

Cさん

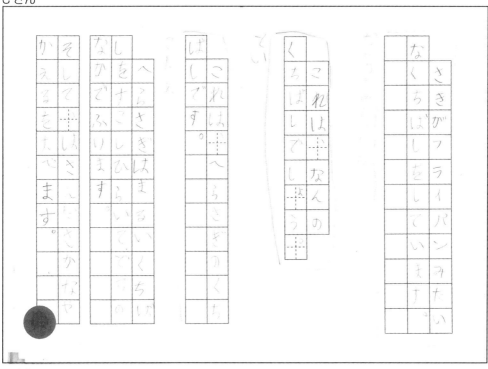

Dさん

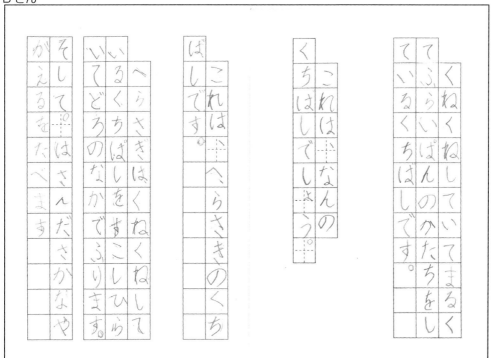

IV章
「じどう車くらべ」全時間の授業

第1時 「くちばし」での学習を想起する
―因果関係を表す「そのために」の役割を確かめる―

1 本時の概要

　「じどう車くらべ」第1時では、本単元に入る前に「くちばし」での学習を振り返る。特に、文と文の因果関係を示す「そのために」の役割を覚えているかどうかを再確認する。

　次に、教科書のさし絵から知っている自動車を挙げて、単元への興味を喚起させる。その後、文章を読み進めていく中で、「くちばし」にもあった問いと答えの文や「そのために」の言葉があることに気づかせる。

　最後に、単元の最終目標として自動車の図鑑を作るという目的意識をもたせる。

2 本時の学習目標

- 「そのために」でつなぐ文の役割を再確認することができる。
- 自動車への興味をもたせる。
- 「じどう車くらべ」では、「くちばし」と同様に問いや答えの文があると理解することができる。
- 「じどう車くらべ」での2つの問いの内容を理解することができる。

導入

1 「くちばし」の振り返り

―スクリーンに、「くちばし」のきつつき写真を表示―

青山　覚えてます？
児童　覚えてる。きつつき。
青山　何をするかも覚えてる？
児童　木に穴を開けて、中にいる虫を食べる。

―白字で「きつつきは、きにあなをあけて、なかにいる虫をたべます。」、赤字で「そのために、」を板書―

青山　「そのために、」の後に、こんな文が来ればきつつきのくちばしの説明になるというのを考えます。

―板書「きつつきは、しています。」―

解説

「くちばし」での学習から【読み方】も【思考】もステップアップしたのが「じどう車くらべ」の学習である。しかし、「くちばし」から数か月の期間が開いていたので、まずは「くちばし」の振り返りを行うところから始めた。

青山 どんなくちばしをしているか、隣同士で相談してください。

―隣同士で話し合い（約30秒）―

青山 それでは、こんな言葉が入ったらいいと思うものを発表してください。

―数人の児童が発表。それらをまとめて、空欄部分に「するどく」「さきが」「ながく」「とがった」と板書―

青山 きつつきは、木の中にいる虫を食べていました。では、おうむは何を食べていたか覚えてる？

―スクリーンに、教科書のおうむの説明文を表示―

児童 木の実を割って食べてる。
青山 そうでした。種の殻を割って、実を食べていました。「そのために、」どんなくちばしだった？

―隣同士で話し合い（約30秒）―

青山 おうむは、硬い種の殻を割って、中の実を食べます。「そのために、」どんなくちばしをしていた？
児童 曲がって、先が交差になっているくちばし。
青山 くちばしの形や様子によって、食べるものが違ってました。この勉強したのを覚えている人？

―ほぼ全員が挙手―

青山 みんなよく覚えてるね。くちばしの勉強をこれだけ覚えていたら、もうばっちり。

> **解説**
> きつつきの板書内容は、教科書の文と少し異なっている。「くちばし」単元の後半で使った「そのために」を含んだ資料の形式に合わせて教科書の文をリライトしている。この意図は、「じどう車くらべ」を始めるにあたり、「そのために」を使った因果関係を捉える文を覚えているかを再確認するためである。きつつきだけでなく、おうむでも「そのために」を使って復習した。

= 展開 =

2 興味をもたせ、文章構造に気づかせる

青山 まずノートに題名を書きます。今日から「じどう車くらべ」だから、新しいページに日付と題名を書いてください。

第1時 「くちばし」での学習を想起する　87

―「じどう車くらべ」と板書―

児童　漢字が出てくる。漢字で書くの？
青山　そう、「車」がまだだね。一画目を赤、最後を黄色で書きました。これで筆順間違えないで書けるかな。「車」の最後は串刺しにします。

―児童が記入中に、スクリーンを教科書「じどう車くらべ」導入のさし絵に変更―

青山　この題名、変じゃない？　自動車は知ってるけど、「じどう車くらべ」って？　比べっこ？
児童　読んだら、そういうことね、ってわかったよ。
青山　そう、音読したらわかるかな。まずは、ここにいっぱい自動車があるけど、みんなが知ってる自動車はある？
児童　（前に出てさし絵を示しながら）この自動車はタクシー。
青山　（別の車を示しながら）じゃあ、これもタクシーでいいんじゃないですか？
児童　だめ！　違う！
青山　そう？　似たような感じなのに？　これだけがタクシー？

―同様に、児童がさし絵を示しながら「パトカー」「ごみ収集車」「ダンプカー」を紹介した―

青山　全部まとめたら「自動車」でしょ？
児童　そう、自動車。でも、いろんな種類がある。
青山　じゃあ、このいろんな車が載っている絵の説明のところを、まず先生が読んでみるね。

―スクリーンに教科書28ページを表示。青山音読「じどう車くらべ　いろいろな〜なっていますか。」―

青山　いろいろ車によって仕事が違うみたいだね。そういえば、前の勉強でやった文が入ってなかった？
児童　（「くちばし」を復習した際の板書を指しながら）「そのために」っていうのが、さっき出てきた。
青山　出てきたね。他にもあった？

解説
まだ「じどう車くらべ」単元の漢字学習前である。視写にも影響するため、この時間の後に漢字学習を行った。

解説
題名の「くらべ」に触れることで、自動車だけでなく比べることにも注意を向かせた。

解説
「これもタクシーでいいよね？」と、わざと間違った投げかけをしている。「比べっこ」の前段階として、タクシーと、それ以外の車の違いは何だろうかという疑問を抱かせるきっかけを作ろうとした。

児童　問いの文。
青山　問いの文って覚えてる？

―前単元（「うみのかくれんぼ」）で使用した貼紙を掲示―

青山　問いの文が、今回にもあった？　一緒に読んで、問いの文があったら「あった」って言ってね。題名から読みましょう。どうぞ。

―児童、先ほどと同じ教科書28ページを音読―

児童　あった！　問いの文。
児童　「どんなしごとをしていますか」。
児童　「どんなつくりになっていますか」。
青山　今回は問いの文がいくつあったの？
児童　2つ。
青山　じゃあ、赤で線、引けるかな。ぐるぐる（四角囲み）じゃなくて、今度から線引けるかな。ものさしが用意できる人は、ものさしを使おう。2つも質問があるから、2つ目は青にしよう。

―スクリーンに教科書28・29ページを表示。「どんなしごとをしていますか」に赤線、「どんなつくりになっていますか」に青線を引く。児童は教科書に作業―

青山　線を引けた人は目で合図をくれる？　今日勉強した「そのために、」も、赤で四角に囲みましょう。

―「そのために、」を赤で囲む。その後、机間巡視―

青山　問いが2つあったね。

―赤で「とい①」、青で「とい②」と記入。児童も教科書に記入―

児童　でも、答えがまだない。
青山　あ、そうか、前に勉強したときは？
児童　答えがあった。
　　　問いがあったら答えもないといけない。

解説

説明文単元として、「くちばし」と「じどう車くらべ」の間に、「うみのかくれんぼ」を学習している。今回は、「うみのかくれんぼ」で使用した問いの文を復習のために掲示した。

One Point

「くちばし」の色分けとは違うが、「じどう車くらべ」では、問いが2文あるため、区別がつきやすいように問い①を赤、問い②を青で示した。答えも同様の色分けを行う。

第1時　「くちばし」での学習を想起する　89

青山　答えがあるかどうか、1回目はよく聞いていてください。28ページをみんなで読んだ後、先生が29ページから読むからね。準備はいいですか？

—児童音読「いろいろな〜なっていますか。」
　青山音読「バスや〜たくさんあります。」—

青山　気がついたことを、隣の人にわかりやすく説明してください。

—隣同士で話し合い（約2分）—

青山　では、発表してください。Aさん。
児童　（前に出て説明）「ざせきのところ」から、「たくさんあります」までが説明だと思う。
青山　何の説明？
児童（A）　バスや乗用車の説明だと思う。
児童　違う。
青山　え、バスや乗用車の説明ではないの？
児童　ううん。
青山　バスや乗用車の説明というのはいい？　でも違うことがまだ言いたいの？　Aさん当ててね。
児童（A）　Bさん。
児童（B）　（前に出て説明）「バスやじょうよう車は、人をのせてはこぶしごとをしています。」が答え。
青山　何の答えなの？　問いの①？　②？
児童（B）　問いの両方の答え。
青山　両方の答えなの？
児童（B）　うん。
児童　違う。
青山　今、両方の答えという意見に「うん」って言ってる人と、「いや、どっちかだけ」って言ってる人といるね。まだ言いたいことがある？
児童（B）　Cさん。
児童（C）　（前に出て説明）「バスやじょうよう車は、人をのせてはこぶしごとをしています。」は問い①の答えで、「そのために、ざせきのところが、ひろくつくってあります。」は問い②の答え。
青山　問い①と問い②の答えの場所は分かれているんじゃないのっていうのがCさんの考え方。
青山　いやいや、全部まとめてじゃないのっていう

> **解説**
> 問いが2つあることはすんなり理解できたが、2つの問いと答えの関係性の認識には児童によるばらつきがあった。まだ第1時のため、間違いや戸惑いがあるのは当然である。まずはそれぞれの児童の意見を丁寧に、学級全体で検討し共有することで、全員での理解を目指していく。

がBさんの考え方。
児童　たぶん分かれてる。
青山　そう？　どうしてそう思ったのか。隣の人に説明してください。どうぞ。

―隣同士で話し合い（約2分）。机間巡視―

3　学習の動機づけ

青山　まとめて答えがあるのか別々に答えがあるのかは、これから確かめていきましょう。
青山　問いの文を、ノートに書いてもらわなかったのは、ちょっと教科書の次のページめくってみて。

―スクリーンに教科書30・31、32・33ページを表示して、いろいろな車があることを見せる―

児童　いろんな車がある！

―スクリーンに教科書34・35ページを表示。手書きの自動車図鑑が掲載されている―

青山　あら！　何でしょうこれは？
児童　誰かが書いたんだ。
青山　こういうのを、1人1枚書いたら32枚。32ページできたら、「くちばし」どころじゃない、すごい図鑑ができちゃうね。
児童　1人が2個書いたら？
青山　1人が2個書いたら、大変！　こんな（分厚い本のジェスチャ）になっちゃう。車も図鑑になりそうかな。
児童　やってみたい。
青山　やってみたいね。でも、いきなりは書けないから、どうやって書いたらいいかも、勉強しなきゃいけないね。この人（教科書35ページの図鑑を書いた人）も上手に書いていそうだね。それも今度から勉強しよう。今日はここまでです。

> **解説**
>
> 「くちばし」と同様に、「じどう車くらべ」でも図鑑の完成を、単元を通しての最終目標とした。児童が「じどう車くらべ」の文構造を理解し、自分で習得して書けるようになることを目指していく。児童にとっても、インプットだけでなく、「書く」というアウトプットを目標にすることで、学習のモチベーションが上がる。

第1時　「くちばし」での学習を想起する　91

第2時 文と文の因果関係を捉える（1）
――〈バス〉や〈乗用車〉の仕事とつくりを確認し、文の構造を理解する――

1 本時の概要

　第2時では、まず自動車同士の比較を行い、自動車によって仕事やつくりが違うことに興味をもたせる。また、説明文の冒頭で問いの文が2つあることを確認し、視写する。
　その後、〈バス〉や〈乗用車〉の説明を読み、問いに対する仕事やつくりの答えや、仕事とつくりの文の因果関係を捉えていく。

2 本時の学習目標

● 自動車には様々な形状があり、それぞれの仕事によって違うことが分かる。
● 説明から、〈バス〉や〈乗用車〉の仕事やつくりを理解することができる。
●「そのために」でつないだ仕事とつくりの因果関係を捉えることができる。

導入

1 前時の振り返り

―スクリーンに教科書のさし絵を拡大したもの（デジタル教科書を使用）を表示―

青山　この前どんなじどう車があるかって言ってたけど、「じどう車」っていう題じゃなかったんだよね、これ。題は何て言ったかというと……。
児童　「じどう車くらべ」。

―「じどう車くらべ」と板書―

青山　比べっこするってことだよね。例えば……。

―スクリーンのさし絵から、ごみ収集車を拡大表示―

青山　この車と……。これ、何の車だろう？
児童　ごみ収集車。

> **解説**
> 前時では自動車の名前や特徴を答えさせるだけだったが、今回は「じどう車くらべ」の題に絡めて、さし絵をもとにした比較を行った。「くちばし」でも導入で同じ活動を行っている。

―スクリーンのさし絵から、パトカーも拡大表示―

青山 えー、これは……。
児童 パトカー。
青山 （2つの車を）比べっこするとどこが違うかな？ お隣さんとどうぞ。

―隣同士で話し合い（約1分）―

青山 Aさん、どんなところが違う？
児童 （前に出て説明）ごみ収集車の上には、サイレンがついてない。
児童 こっち（パトカー）にもついてる。
青山 見た目ついてるものとついてないものがある。まだありました……、Bさん。
児童 （前に出て説明）ごみ収集車はここ（運転席）がカクっとしていて、パトカーは三角になってる。

―児童から、他にも中に人だけでなくごみが入っていること、色が違うことなどの意見が出た―

青山 比べっこしたら、ついているものが違うよとか、形や色が違うよとかが出ました。

―「ついているもの」「かたち・いろ」「はこぶもの」と板書。パトカーを元に戻し、ダンプカーを拡大―

青山 さっき、カクっとなってるって言ってたけど、同じようにカクっとなってるもの同士では？
児童 ちょっと違う。こっちにはごみが入ってるけれど、こっちには砂が入ってる。
青山 そっか、これ（ごみ収集車）は何をしている車？
児童 ごみを運ぶ。
青山 こっち（ダンプカー）は？
児童 土や砂を運ぶ。
青山 運ぶものが？
児童 違う。
青山 2つを比べたら、同じ運んでいるものでも、運ぶものが違ってる。

―ダンプカーを元に戻し、ごみ収集車とコンクリー

> **解説**
> Bさんは、ごみ収集車の運転席が「カクっと」、四角形になっていて、パトカーは運転席がなだらかで三角形のようだと説明した。児童から出た言葉を採用し、「カクっと」という表現で以降も説明している。

> **解説**
> ごみ収集車とパトカーについては、つくりの違いを比較させた。また、ごみ収集車とダンプカーについては、運ぶものが違うという比較をした。これは、後の「仕事」の違いへと結びつく。

第2時 文と文の因果関係を捉える（1） 93

トミキサー車とでも比較をした—

青山　では、声に出して読んで下さい。さんはい。

—スクリーンに教科書28ページを表示。
　児童音読「じどう車くらべ～なっていますか。」—

青山　前の時間に、問いの文を見つけました。問いの文が2つあります。1つ目の問いの文は？
児童たち　「どんなしごとをしていますか」。
青山　で、2つ目が、「そのために、」……。
児童たち　「どんなつくりになっていますか」。

展開

2　視写と答えの確認

—視写用（図鑑作成用）のワークシートを配布—

児童　自動車ブック！
青山　（視写を）先生と同じスピードで書けるかな？
児童　教科書見ながらでもいい？
青山　いいです。いい字で書くといいねえ。

—教科書28ページを板書。児童はワークシートに視写—

青山　（1文目を書いたら）問いの1つ目に「とい①」と書くね。（赤で板書）。
児童　どこに書くの？
青山　次のますとの間。少し間が空いてたでしょ？
青山　（3文目の途中で）「とい②」は青ね。先生の黄色は皆さんの青だからね。とい②（黄色で板書）。

—文を板書後、板書した「どんなしごと」を赤、「どんなつくり」を青（黄色）で囲む—

青山　「しごと」はわかるけど、「つくり」って何だろうねえ。
青山　「そのために」のところは緑色にします。色鉛筆

解説
「くちばし」と同様に、教科書の文を視写しながら自動車図鑑を完成させる。まずは仕事とつくりについての問いを書き、次のワークシートからは各自動車の仕事やつくりを紹介していく。

One Point
視写では、小書きの字や「、」「。」の位置に注意させた。まだ定着できていないので、視写用のプリントにも、十字リーダーを引き続き付けている。また、声に出しながら板書をする際は、「、（てん）」や「。（まる）」も発言し、児童に忘れずに書くよう意識させた。

解説
「そのために」を強く意識させるために、問いの赤・青とは違う、緑で囲むことをルールづけた。「くちばし」とは違う色分けになっている。

の緑をしばらく筆箱の中に入れっぱなしにしておいてください。

―板書の「そのために」を緑で囲む―

青山 1つ目は何の車の説明？
児童 バスと乗用車。

―スクリーンに教科書29ページを表示―

青山 みんなでね、バスや乗用車を読んでいきます。問い①の答えはどこにあるかな？　問い①は……。
児童 どんな仕事。
青山 では仕事の説明を読んでいこう。さんはい。

―児童音読「バスやじょうよう車は、人をのせてはこぶしごとをしています。」―

児童 問い①の答えだ。
青山 問い①の答えという証拠の言葉はどこにあるかな？　（もう一度音読後）、Cさん、出てきて指して。
児童 「どんなしごとを」の「しごと」。そこが答え。
青山 「しごと」という言葉が、ありましたか？
児童 うん。
青山 どんな仕事だったの？
児童 人を乗せて運ぶ仕事。
青山 ここが問い①の答えだから、赤で線を引こう。

―スクリーンに表示された教科書の「人を〜しごとをしています」に赤線を引く―

児童 「人をのせて」も入れるの？
青山 何をのせるの？　「しごとをしています」だけじゃだめだね。どんな仕事だからねえ。
青山 「こたえ①」を一緒に書きます（赤で記入）。問い①の答え、答え①がありましたね。でも、問いは1個じゃなかったね。
児童 答え②がある。
青山 じゃあ、どこが答え②なのか、考えて読んでみよう。さんはい。

―児童音読「そのために、ざせきのところが、ひろ

> **解説**
> 問い①の答えであることを証明するために、「証拠の言葉」はあるかときいている。「証拠」は1年生には難解な言葉だが、「じどう車くらべ」以前の単元から継続的に用語として多用することで、語彙を身につけさせようとしている。

> **One Point**
> 教師が答えてしまったが、ここは子どもたちに返して考えさせるべきところであった。

> **解説**
> 前時では、児童たちはそれぞれの答えの文が問いのどの文に対応しているかを理解できていない様子だった。第2時では、①②それぞれの問いに対応する答えを順に押さえていくことで、児童たちの理解を図った。

第2時　文と文の因果関係を捉える（1）　95

くつくってあります。」―

児童　初っ端からあるじゃん。
青山　ねえ、座席のところはどこか、お隣さんと絵でここだって話して。

―隣同士で話し合い（約30秒）。さし絵を拡大―

青山　Ｄさん。

―児童が前に出て、バスと乗用車の座席を示した―

青山　何のためにこれ広く作ってるの？
児童　人が座るため。
青山　人が座るんだったら、狭くてもいいじゃない。
児童　人が多く乗るとき、他の人が座りたいのに、1個しかなかったら（狭かったら）座れない。
青山　この車の仕事は？
児童　人を乗せて運ぶ。
青山　人を乗せるところが広くないと、お仕事にならないね。

―「そのために、」を緑で囲み、「ざせきの～つくってあります」に青線を引く。「こたえ②」と青で記入―

青山　あったじゃない。以上、おしまい。
児童　だめ。
青山　えっ？　まだある？
児童　だめ。
児童　いいと思う。
青山　いいと思うって言っている人もいるよ。一応続きを読もう。さんはい。

―児童音読「そとのけしきがよく見えるように、大きなまどがたくさんあります。」―

児童　ほらあった。
青山　Ｅさんどうぞ。

―児童が、座席が広いことだけだとつくりの説明として不十分だから、窓の説明も答えであると主張―

青山　誰のために大きな窓が作ってあるほうがいい？

解説
座席の語彙。「ざせきのところ」とはどの部分かを全員で確認し、語彙を充実させる。

解説
仕事とつくりの因果関係を説明する、大事な部分である。バスや乗用車には人を多く乗せて運ぶという仕事があり、そのために座席を広くしているのだという関係性を読み取った。

One Point
答え②の2文目にも注意を向かせるために、わざと「以上」や「おしまい」と発言している。

解説
こちらも仕事とつくりの因果関係説明の大切な部分である。バスや乗用車は人を乗せて運ぶために、座席だけでなく窓にもつくりの工夫がされていることを全員で読み取った。

児童　お客さんのため。
児童　運転士さんのためでもあるよ。
青山　なるほど、運転士さんのためでもあるね。君たちがお客さんだったら窓が全然ないのはどう？
児童　嫌だ。
青山　そんなバスで遠足に行きたくないねえ。ということは、窓のこともお仕事のためだね。

―「そとの～たくさんあります」に青線を引く―

青山　座席も大事だけど、「大きな」窓の説明もある。「広い」窓とは言わないんだね。座席は広いだけどね。

―バス・乗用車の視写プリントを配布―

青山　カラーで、バスや乗用車のさし絵があります。これは後で配るね。

解説
教科書では、座席は「広く」、窓は「大きく」と表現されている。説明文の細かな表現の違いにも触れて、児童の言語感覚を養わせる。

●子どもの作品

●「バス・じょうよう車」視写

Fさん

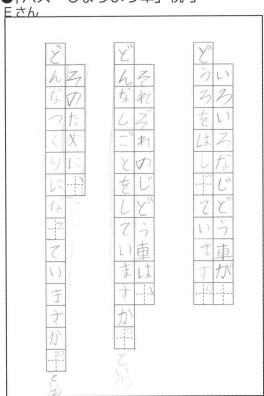

Fさん

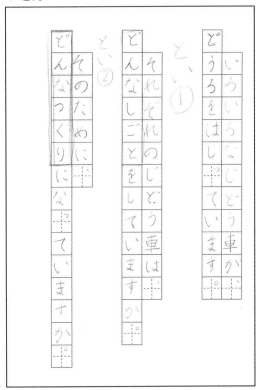

第2時　文と文の因果関係を捉える（1）　97

第3時 文と文の因果関係を捉える（2）
—〈トラック〉の仕事とつくりを確認し、文の構造を理解する—

1 本時の概要

第3時では、まず前時の復習として、2つの問いとその答えである〈バス〉や〈乗用車〉の仕事とつくり、そして「そのために」でつないだ仕事とつくりの因果関係を捉える。

その後、次の説明である〈トラック〉でも、問いに対する仕事やつくりの答えを見つけ出し、仕事とつくりの因果関係を「そのために」をヒントにして捉える。また、〈トラック〉の説明までを図鑑に書き上げる。

2 本時の学習目標

- 説明から、〈トラック〉の仕事やつくりを理解することができる。
- 「そのために」でつないだ、〈トラック〉の仕事とつくりの因果関係を捉えることができる。
- 仕事が違うから、〈トラック〉のつくりが〈バス〉や〈乗用車〉と異なることを捉えることができる。

導入

1 バスや乗用車の仕事とつくりを捉える

青山 まずは、昨日の（自動車図鑑の）1ページ目の文を読んでください。準備できましたか？
児童たち はい。
青山 正しく書いてあるか読んでみよう。さんはい。

—児童音読「いろいろな〜なっていますか。」。
　その間に日付と題名を板書し、「どんなしごとをしていますか」と書かれた貼物を掲示—

青山 今みんなが読んだところは？
児童 問い。
青山 うん、問いの文でしたね。問いの1つ目。

—「とい①」の貼物を掲示—

青山 「そのために」、問いの2つ目は？

解説
前時から本時の間に、バスや乗用車の仕事とつくりの視写を終えている。

―「そのために」の貼物を掲示―

児童 「どんなつくりになっていますか」。

―「どんなつくりになっていますか」の貼物を掲示―

青山 問い②でしたね。それぞれ答えを見つけました。

―「とい②」の貼紙を掲示―

青山 バスや乗用車の仕事って何だったのか。バスや乗用車の仕事が書いてあるところだけ読んでください。いいですか、問い①の答えだよ。

―児童音読「バスや〜います。その〜つくってあります。」2文目を読まない児童が数人・声も小さくなる―

青山 声が小さくなってきたけど、どうして？
児童 ここ（2文目を指して）仕事じゃないよ。
児童 つくりだよ。
青山 今、先生が仕事の答えだけ、問い①の答えだけ読んでくださいって言ったね。どこが問い①の答えなんだろう？
児童 「人をのせてはこぶしごとをしています」。
青山 「しごとをしています」のところまで？　その後は、……。
児童 問い①の答えじゃない。
青山 では、答えのところを赤で囲んでおこう。

―スクリーンに教科書29ページを表示。「バスや〜しています。」までを赤で囲む。児童も作業―

青山 昨日、「しごとをしています」という証拠があるよって言ってたね。

―「しごとをしています」を赤で線を引く―

青山 あら、またあった。答え②の前に何があった？
児童 「そのために」。

解説
本単元では、冒頭にだけ「問い」が提示され、以降は各自動車の問いに対する「答え」が紹介されている。この文章では何を問いかけていたのかを常時確認するために、「問い」や「そのために」の貼物を作成した。

解説
音読では、バスや乗用車の仕事だけでなくつくりまで読んでしまう児童もいた。仕事とつくりの因果関係は難しいが大事なポイントであるため、丁寧に押さえて理解を促したい。

解説
「しごとをしています」は答えの証拠となる部分のため、赤囲みの中にさらにマーキングしている。

解説
前時でも扱ったが、仕事の説明は1つであったのに対し、つくりの説明は2つあることを再度確認した。

第3時　文と文の因果関係を捉える（2）

―児童「そのために」を緑で囲む―

青山 「そのために」の後のつくりの答え、どうぞ。

―児童音読「ざせきの〜つくってあります。そとの〜たくさんあります。」―

青山 座席も窓もつくりだったから、大きい四角で囲まないといけないんだったね。

―「ざせきの〜たくさんあります。」までを青で囲む。「ざせきの」「まどが」に青で線を引く。答え①・②囲みの下にそれぞれ「こたえ①」「こたえ②」と追記。貼紙も掲示。児童、同様に作業―

青山 今日は他の自動車の答えを考えましょう。

> **解説**
> ①の問いと答え、②の問いと答え、そして「そのために」を色分けしながら印をつけることで、説明文内の、各文や言葉の役割を理解させていく。

展開

2 トラックの仕事とつくりを考える

―スクリーンに教科書30ページを表示―

青山 一緒に読みます。さんはい。

―児童音読「トラックは、〜ついています。」―

青山 今度の車は何ですか？
児童 トラック。
青山 トラックの仕事が見つけられた人？

―児童ほぼ挙手―

青山 お隣さんと、どうしてそこが仕事だと思ったかのわけを言ってください。

―児童、隣同士で話し合い（約50秒）。その後、児童3人を指名し、1人ずつ黒板の前に出てきて「仕事」の部分に赤線を引いた（全員同じ答え）―

青山　みんなでここを読んでみましょう、さんはい。

—児童音読「トラックは、にもつをはこぶしごとをしています。」—

青山　ここまでが仕事でいいですか？　では、まずは仕事を書いていきます。先生と同じスピードで書けるかな。

—プリント配布。先ほど音読した文を板書し、赤で囲む。教科書にも「こたえ①」と赤で記入。児童視写—

青山　仕事はわかりました。お荷物運ぶんでしょ。このトラック、何の荷物運んでる？
児童　箱。
児童　コンテナ。
青山　じゃあ、この荷物を載せるのに「そのために」、どんなつくりになっていますか？　ここに答えがありますよっていうのがわかった人？

—半数が挙手—

青山　トラックはどうなってる？　大きな窓がたくさんついている？
児童たち　違う。
青山　違うね。大きな窓は、荷物を運ぶのには？
児童たち　いらない。
青山　問い②の答えはどこにある？　お隣さんと相談。

—児童、隣同士で話し合い（約50秒）—

青山　荷物を運ぶ仕事をするのに、「そのために」どんなふうになっているか、つくりを教えてください。

—児童3人を指名し、3人とも「そのために〜ひろいにだいになっています。」に青線を引いた—

児童　質問！　もう1個答えがある。
青山　ちょっと待って。Aさんは、僕はもう1つ答えがあると思うんですけどって、心配で質問って

One Point
多様な意見を引き出す場面ではないが、3人の児童全員が同じ部分を引いたことで、全員がトラックの仕事を理解できたという認識につながった。

解説
トラックの仕事が荷物を運ぶことであることを確認し、「そのために」どんなつくりになっているかと尋ねた。児童に疑問を投げかけることで、仕事とつくりの因果関係を印象づける。

解説
半数しか挙手しなかったので、あえて窓を挙げて考えを促した。

言ったんだよね。Aさんの気持ちわかるよっていう人いる？

―児童ほぼ挙手―

青山 Aさんの気持ちがわかるっていう人がこんなにいる。Bさん、Aさんの気持ち分かる？
児童 （前に出て指さししながら）ここも、答えっぽく思う。

―児童（B）、「おもいにもつを〜ついています。」に追加で青線を引く―

青山 答えだと思うところを全部読んでください。
児童 「そのために、うんてんせきのほかは、ひろいにだいになっています。おもいにもつをのせるトラックには、タイヤがたくさんついています」。
青山 ここも答えじゃないの？　って。
児童 合ってる。
青山 どうしてそう思うのか、わけも言える人いる？　どうしてタイヤもお仕事のために必要なのか。
児童 何で「おもいにもつを〜ついています。」の文がある（必要）かというと、ここにもつくりが書いてあるから。
青山 つくりっていうのは、今回は、これ（トラックのさし絵）でいうと、どの場所のことの説明？
児童 今のは、これとこれ（タイヤと荷台）。
青山 これ（タイヤを指さす）何？
児童 タイヤ。
青山 でも、タイヤって普通の車にもついてるよね？
児童 普通の車は（タイヤが）4個だけど、トラックは重い荷物を運ぶから、6個や8個、中には10個以上ついている。
青山 男の子はトラックの絵のままで、女の子はさっき勉強した乗用車のほうを開けて。タイヤの数違う？
児童たち （確認して）違う。
青山 隣の人と、トラックと乗用車で比べっこしてごらん。

―隣同士で教科書のさし絵を並べて、タイヤ数を比較―

> **One Point**
> 他の児童の気持ちを代弁させることで、児童らが本当に発表者の考えを理解できているかを確認する。

> **解説**
> トラックのつくりの2文目（「おもいにもつを〜ついています。」）でも、仕事と因果関係があるので「つくり」であるということの確認。しっかりと説明できる児童が増えてきた。

青山　トラックはいくつありました？
児童　6個。
青山　え、3つしかないんじゃないの？
児童　反対側にも3つあるから6。
青山　乗用車はいくつ？　さっきの絵で見ると……。
児童　4。
青山　確かにトラックのほうがたくさんついていました。では、先生と一緒に答えを書いていこう。

―「こたえ②」「そのために」の貼紙を掲示し、「うんてんせきの〜なっています。」と板書。児童視写―

青山　答えは荷台だけではなかったね。荷台と、あともう1つ大事だったのは？
児童　タイヤ。
青山　もしもタイヤが4つしかなかったら、重いものを載せたら……
児童　パンクしてしまうかもしれないね。

―「おもい〜ついています。」と板書。児童視写―

児童　先生！　前のページにも答え②の中に2つの文が……。
青山　Cさん待って。まだみんなが書いているから、それは、次の時間の最初に言ってもらうね。

―板書した部分を黄色で囲む―

> **解説**
> トラックのさし絵では、反対側のタイヤが見えなくなっていることを注意させたい。

> **OnePoint**
> いい字で書いているからいい本になりそうですね、などと声掛けし、長い文章でも丁寧な字で書くように児童の意識を高める。

●子どもの作品　※実際の作品は教科書と同様に、見開きのどちらかのページはイラスト、もう片方のページは文言になっており、「とい」の見開きページの次に「こたえ」の見開きページがあります。
●「バス・じょうよう車」視写　●「トラック」視写

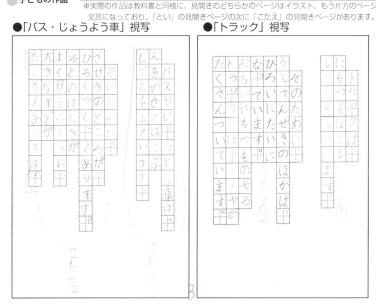

第3時　文と文の因果関係を捉える（2）　103

第4時 文と文の因果関係を捉える（3）
―〈クレーン車〉の仕事とつくりを確認し、文の構造を理解する―

1 本時の概要

　第4時では、前時に児童が気づいた「答え②（つくり）は2文ある」ことを検討する。まず復習として、〈トラック〉、〈バス〉や〈乗用車〉のつくりの説明が2文ずつあることを確認する。
　その後、〈クレーン車〉の説明を読んで、語彙を確認しながら仕事やつくりと、それぞれの因果関係を捉える。また、〈クレーン車〉でもつくりの説明が2文あることを確認し、視写を行う。

2 本時の学習目標
- 説明から、〈クレーン車〉の仕事やつくり、因果関係を捉えることができる。
- 「つり上げる」や〈クレーン車〉の「腕」など、語彙の意味を把握することができる。
- 〈バス〉や〈乗用車〉、〈トラック〉、〈クレーン車〉のつくりの文構造が同じであることを理解することができる。

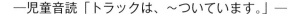

導入

1 前時の復習と気づき

―前時から連続での授業。黒板には、トラックのつくりが引き続き書かれている―

青山　自分が書いたトラックの文章を正しく書けているかどうか確かめながら読みます。さんはい。

―児童音読「トラックは、～ついています。」―

青山　そうだ、（前時に発言があった）Aさんの発表からだね。気がついたことどうぞ。

児童　（前に出て）答え②の「うんてんせきの～になっています」の文と「おもいにもつを～ついています」の文、2つの文があるっていうのが、前のバスや乗用車のときと同じだと思います。

児童　どういうこと？

青山　ここに1文目、。（まる）一個分があって、ここ

解説
児童の気づきを取り上げ、検討していった。「答え②（つくり）が2文ある」という意見は、各自動車の説明の文構造が同じであることや、「つくり」の中の優先（重要）度といった理解への足掛かりとなる発見のため、本時のテーマとして据えた。

に２文目がある。たしかに答え②の中に文が２つありますね。広い荷台の話と、こっちは何？

児童 タイヤ。

―板書の「にだい」「タイヤ」を丸囲み。「一文目」「二文目」と記入―

青山 だけど（Aさんが言っていた）バスや乗用車の答え②も同じようになっていたというのは本当かな？　バスや乗用車の答え②に、文はいくつある？

児童 ２つ。

青山 ２つでした？　では、バスや乗用車の答え②の１文目を、読んでみてください。どうぞ。

―児童音読「ざせきの～つくってあります。」―

青山 １つ目は座席の話でしたね。２つ目の文は？

―児童音読「そとの～たくさんあります。」―

青山 Aさんが言った、バスや乗用車のときにも答え②には２つ文があった、というのがわかった人？

―全員挙手―

解説
児童の発見をクラス全体で理解するため、板書を利用して、丁寧に解説した。また、バスや乗用車の文に戻って音読させて、同じつくりの文構造であることを確認した。

― 展開 ―

2 クレーン車の仕事とつくりを捉える

青山 次の車も答え②に２つの文があるかな？

―スクリーンに、教科書31ページを表示―

児童 クレーン車だ。

青山 読みますよ。さんはい。

―児童音読「クレーン車は、～ついています。」―

青山 まず、問い①「どんなしごとをしていますか。」

第４時　文と文の因果関係を捉える（3）　105

の答えをお隣さんと話してください。スタート。

―隣同士で話し合い（約30秒）―

青山　ストップ。クレーン車の仕事は？（3人当てる）

―3人とも「クレーン車は、おもいものをつり上げるしごとをしています」に線を引いた―

児童　（線を引いた後で）Bさんと同じ、「クレーン車は、おもいものをつり上げるしごとをしています。」。

―数人拍手―

青山　今、「Bさんと同じ」という言い方がよかったから、思わず拍手が出たんだね。同じところ考えてた人？

―ほとんど挙手。3名指名―

> **One Point**
> たまたま数人が拍手した。その部分を取り上げて、褒めるタイミングを逃さないことが大切である。

―クレーン車のさし絵を拡大表示―

青山　そう。この「おもいものをつり上げるしごと」の重い物ってこの絵の中でどこ？
児童　（前に出て説明）これ（荷物を指す）。
青山　これが重いものでいいですか？
児童　はい。
青山　重い物を「上げる」とも言うけど、この文の「つり上げる」とどう違うの？

―「上げる」の動作を実際に行う―

青山　隣の人と「上げる」と「つり上げる」ってどう違うか話し合ってください。

―隣同士で話し合い（約1分）―

児童　「つり上げる」っていうのは、ひもや糸とかで引っかけて上げること。
青山　なるほど。

> **解説**
> 「つり上げる」という複合語は子どもの生活の中では使われることが少ない。クレーン車のつくりをしっかりと理解させるためにも、語彙の確認を丁寧に行う。

児童　「つり」だから。
青山　じゃあ、(3人当てて) 台に乗って、話しながらやってたの見せて。

―3人がそれぞれ「つり上げる」の動作を行う―

青山　引っかけて、上げる。(と言いながら、筆箱を「つり上げる」動作。児童も行う)。
青山　では、今度は「持ち上げる」(と言いながら、両手で「持ち上げる」動作)。

―全員で「つり上げる」「持ち上げる」動作を実際に行いながら確認―

青山　「クレーン車は、おもいものをつり上げるしごとをしています。」。(問い②の貼紙を示しながら) そのために、どんなつくりになっていますか？
児童　また2つの文がある。
青山　では、「そのために」からみんなで読んでみよう。さんはい。

―児童音読「そのために、～つくってあります。」―

青山　まだあるね。さんはい。

―児童音読「車たいが～ついています。」―

青山　つくりはどの部分？　お隣さんと相談、どうぞ。

―隣同士で話し合い (約1分) ―

青山　ここがつくりだと思いますと、わかった人？

―当てられた2人はどちらも「そのために～ついています」に線を引いた―

青山　いま2文目に線を引くとき、考えていたね。他にも2文目を入れようかどうか迷っている人がいるみたい。みんなで考えてみよう。まず、この車は、どこで働いてる車かな？
児童　工事現場。

> **OnePoint**
> 他の言葉と比較したり、それぞれの言葉を動作化させることによって、言葉の意味の違いを実感させ、定着させることができる。

> **解説**
> 3種類目の自動車であるが、仕事とつくりの因果関係を「そのために」をキーワードにしっかりと確認していく。

青山　「そのために」のところをみんなで読むよ。

―児童音読「そのために、〜つくってあります。」―

青山　腕があるの？　人間じゃないのに。腕ってどこ？　ここだと思うところを指してください。

―児童、前に出てクレーン車のアーム部分を指す―

青山　どこがどう伸びたんだろう？
児童　（前で説明）ここのところ（アームの黄色い部分）が腕で、ここが（灰色の部分）が伸びたり縮んだりする。
青山　これ（さし絵）は伸びた状態？　縮んだ状態？
児童　伸びた状態。
青山　縮むとここ（灰色の部分）が？
児童　狭くなる。
児童　なくなる。
青山　この腕が伸びたり縮んだりすると、重いものをつり上げるのに、どうして便利なの？　伸びたり縮んだりすることは、仕事に役に立ってる？
児童　（前で説明）腕のところが縮むと、つり上げた荷物が下がる。ちがう場所に移動もさせる。
青山　灰色の部分の腕が縮むと、この荷物は下がる。上がると、荷物が地面から上がる。なるほど。仕事をするのに役に立ってる。
青山　もう１つの文は本当に青で引いてよかったのかな。（まず音読を）みなさんでどうぞ。

―児童音読「車たいが〜ついています。」―

青山　今度は脚？　人間じゃないのに、脚？
児童　先生、その絵は切れちゃってるからわかりにくい。
青山　先生の絵は違う？　大きい絵にしてみる？

―クレーン車のさし絵を拡大（予め「脚」を消しておいた）―

青山　みんなのと違う？　どこが違うか、みんなの教科書と比べてみて。

One Point
語彙の充実。ここでの「腕」はクレーン車のどの部分かだけでなく、擬人的な表現であることにも気づかせる。

解説
「腕」の語彙を確認するとともに、それがつくりとしてどう便利であるかも確認した。教科書の説明からさらに掘り下げて確認することで、児童全員のさらなる理解を促した。

―隣同士で話し合い（1分）―

青山　違いが見つかった人？
児童　（さし絵の脚の部分を指して）脚が切れてる。畳んでる。
青山　畳んでる。うまい言い方したね！　脚を畳んでいるときと、脚がシャキーンって出てるときがある。脚を畳んでるときは、この車がどうするとき？
児童　走ってるとき。
児童　後は、作業が終わったときとか。
青山　（さし絵は）お仕事してるときだよね。もしもつり上げてるときに、このままだったらどうなる？　こっち（荷物）側が重いから、車体がどっちに傾くかな？みんなで、ガッターン。

―全員で荷物をつり上げている側に倒れる動作―

青山　じゃあ、ガッターンしないために、畳んであるところをごしごしこすってみて。

―児童が画面をこすると脚が出てくる―

児童　出てきた！
青山　今、こすって出してくれたこれが？
児童　脚。
青山　脚。これがあれば、安定する。
児童　ガッターンといかない。
青山　Aさんの予想どおり、トラックの答え②と同じ、クレーン車も2文ありました。仕事をするのに、腕も大事だし、脚も大事だったね。

―ワークシート配付。クレーン車の説明を視写―

> **One Point**
> 「畳む」という語彙が出てきた児童をしっかり褒める。児童が発する言葉に耳を傾け、そのよいところを拾い上げる。

> **One Point**
> 「脚」が消えたクレーン車の確認作業は、デジタル教科書の機能を利用して、児童の興味を喚起している。単調になりがちな展開に刺激を与えるほか、もし「脚」がなかった場合の不便さを、ビジュアルで示し、児童に考えさせやすくする効果もある。

> **解説**
> テキストには書かれていない「走っている時には脚を畳んでいること」にも気づかせた。これは、はしご車など他の脚のある自動車の理解にもつながる。

● 子どもの作品

●「クレーン車」視写

E さん

※実際の作品は、見開きの左ページはイラスト、右ページは文言になっています。

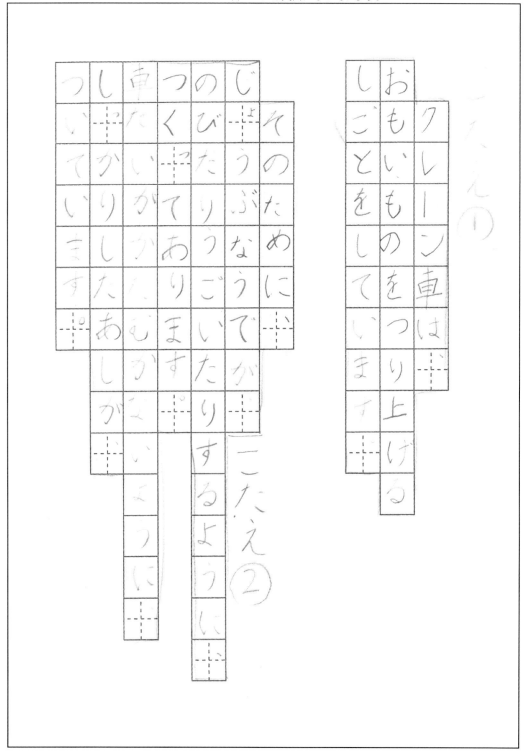

Fさん

第5時 「説明の仕方」を活用して表現する
―説明に必要な言葉を考えながら、〈はしご車〉の説明を完成させる―

1 本時の概要

　第5時では、まずクレーン車の説明を振り返り、次の〈はしご車〉の説明につなげた。本時に事例の順序性を考えさせるのが一般的である。しかし、本実践では、前時に、つくりが2文であることや、仕事との因果関係の理解が深まったため〈はしご車〉について説明を書く活動と入れかえた。〈はしご車〉は説明文が掲載されていないため、働く様子を見ながら仕事とつくりの文にどんな言葉を入れたらいいか考えていく。

　他の自動車と同様の文章構成で作成することを考えると、〈はしご車〉のつくりは2文必要となる。1文目、2文目それぞれには何のつくりを入れたらよいかの順序性も考えながら作り上げる。また、それまでの説明文をもとに説明の仕方にも配慮する。

2 本時の学習目標

- はしご車が働く様子を見て仕事内容を捉え、文にまとめることができる。
- はしご車の働きに合わせてどんなつくりを説明すればいいのかを考え、順序も含めて選び取ることができる。
- はしご車のつくりをまとめ、説明を完成させることができる。

1 前時の復習

青山　音読を始めましょう。自分の自動車図鑑でも、教科書でもいいです。1回目は立って読みます。2回目は座って読みます。では、用意ができた人から音読を始めます。

―児童それぞれで立って音読⇒座って音読。机間巡視―

青山　クレーン車のところだけみんなで声を出して読みましょう。最初に問いの文あったよね。

―問い①・②、「そのために」を確認。貼物を掲示―

青山　クレーン車の問い①の答えを読んでみよう。さんはい。

> **One Point**
> まずは音読の練習を行う。それぞれで立って音読⇒座って音読の順番を行うことで、自分の音読のスピード感を知り、適切な速さでの音読をめざすことができる。また、音読の苦手な子どもを目立たせない工夫でもある。

―児童音読「クレーン車は、〜しています。」。その後も半分ほどがまだ読み進めていたが……―

児童　そこは仕事じゃない、つくりだよ。
青山　何を読むのでしたか？
児童　答え①。
青山　そうだね。仕事の答えはどこまでですか？
児童　「しごとをしています。」まで。
青山　そうですね。今読みすぎた「そのために」から後は、何が書いてあるの？
児童　つくり。
青山　そうでしたね。答え②のところ、どうぞ。

―児童音読「じょうぶなうでが、〜ついています。」。スクリーンには教科書31ページを表示。クレーン車の腕や脚が消えたさし絵になっている―

青山　何か気づいた。どこが変？（数人が手を挙げている）今、手を挙げている人は、文なのか絵なのか、どちらなんだろう？
児童　絵（これで半分以上が挙手）。
青山　Aさん、Bさんどうぞ。
児童　車体が傾かないようにしっかりした脚がついています、の脚がない。
児童　あと、伸びたり閉じたりする腕がない。
青山　今、分かったことをお隣さんと話してね。

―隣同士で話し合い（約30秒）。その後、児童が脚や腕の位置を示し、消えていた部分を表示させた―

青山　今まで何の車について書かれていましたか？
児童　バス。乗用車。トラック。クレーン車。
青山　次のページにもう1つ、はしご車があったね。
児童　これだけじゃちょっと足りないね。
青山　そう。説明がどこか足りない。みんなではしご車について説明を増やしたら、図鑑に……。
児童　なる。

解説
仕事の文はどこまでか、つくりの文はどこからかをしっかり理解できている児童から、積極的に発言が出るようになった。

解説
「腕」や「脚」は擬人的な表現で捉えづらいため、すべての児童が把握できているかを、隣同士で話し合いさせながら確かめた。

解説
教科書33ページでは、はしご車のさし絵と問いの文が掲載されているだけで、きちんとした仕事やつくりの説明は書かれていない。はしご車の仕事やつくりの説明を作り上げ、自動車図鑑を増やすことを本時の目標とした。

第5時　「説明の仕方」を活用して表現する　113

展開

2 はしご車の仕事とつくりの考察

青山 まず、問いの①は何でしたか？
児童 「どんなしごと」。
青山 はしご車の仕事について、考えようね。どんな仕事をしているか（「はしご車」、「しごと」と板書）。仕事をしているところを見ましょう。

―スクリーンで、はしご車の映像を見せる。児童はときどき声を出しながら見ている―

青山 どんな仕事をしていたかな？　お隣さんと話してください。

―隣同士で話し合い（約1分）―

青山 はしご車の仕事について、C・D・Eさん。
児童 火事のときに、高い建物に人が取り残されたときに助ける。
児童 Cさんと一緒で、火事のときに、高いところにいる人を救う。
青山 「助ける」が、「救う」になった。ちゃんと「前の人と同じ」って言ったのもいい。
児童 CさんとDさんと同じ、高いところにいて、人を助ける仕事。

―板書「かじのときに たかいところにいるひとを たすける」―

青山 教科書にある「火事のときに働く車」は、いいですか？
児童 うん。
青山 でも、Cさんたちの言った、高いところにいる人を助けるも言ったほうがいいね。
児童 取り残された人。
青山 そう書いてもいい。助ける仕事。まだ違う仕事を考えたという人。
児童 火を消す仕事。

One Point
映像は音声を消して見せる。映像から見取った情報を言語化させることが大切。

One Point
板書では、児童から出た発言を使いながら仕事の説明を完成させる。発表では、他の人と同じ意見であっても細かい違いを取り上げたり、他と同じ意見であることをはっきりと言ったりしている姿を褒めた。

解説
全員で同じ仕事を書くわけでなく、各児童が挙げた言葉を参考にしながら、それぞれで完成させることをめざした。

青山　高いところにいる人を助けるだけじゃなくて、高いところの火を……。
児童　消す。

—「の火をけして」と追記—

青山　高いところの火を消して、高いところにいる人を助ける……、最後は何だろう？
児童　「しごとをしています」。

—「しごとをしています」を赤で板書。その後、細かい文言をやり取り。最終的に、「かじのときに、たかいところの火をけして、そこにいる人をたすけるしごとをしています。」に決定した—

青山　みんなで力を合わせたら仕事が書けちゃった。

解説
「しごとをしています」は、この文が仕事の説明であることの証拠部分でもあり、また他の自動車を説明する際も、使用する説明の仕方として重要なため、赤で目立たせた。

—ワークシートを配布—

青山　どれぐらい長く書くかわからないので、今回のシートは、ますがたくさんあります。
青山　「かじののときに」で始める？
児童　「はしご車は、」から。
青山　そうだね。「クレーン車は、」のように、必ず車の名前で始めたね。（これまでの自動車の始まりを確認し）だから、「はしご車は、」からスタートしないと、だめですねえ。

—ますが足りなくなるため、視写の前に、板書全部を書いても、「たかいところの火をけす」だけを書いてもよいことを伝えた—
—児童は視写作業。その間、白い貼紙を用意。赤字で「こたえ①（しごと）」、黒字で「○○は、〜しごとをしています。」と記入。その後、机間巡視—

解説
仕事内容だけでなく、他の自動車の説明に合わせて「はしご車は、〜」や「〜しごとをしています」などの「型」もしっかりと書かせる。主語を明確にして文を書くという点からも大切。

青山　書いたら声に出して、自分で書いたものを確かめて。
青山　Fさん、書いたものを大きな声で読んでください。
児童　はしご車は、高いところの火を消して、そこにいる人を助ける仕事をしています。

第5時　「説明の仕方」を活用して表現する　115

青山	Gさん。ちょっと読んでみてください。
児童	はしご車は、火事のときに高いところの火を消して、そこにいる人を助ける仕事をしています。
青山	いいですね。これが、答えの①だよね。でも仕事だけでは？
児童	だめ。
青山	（仕事の文の）後にくる言葉は何？
児童	「そのために」。
青山	（貼紙に「そのために」と記入し）「そのために」の後は？
児童	つくり。
青山	前のスクリーンを見てください。

―スクリーンに今まで学習した教科書ページを表示―

青山	バスや乗用車のときは、仕事をするのに座席とか窓。次のトラックだと荷台やタイヤ。クレーン車だと、腕と？
児童	脚。
青山	さて、はしご車は何かな？ もう一度さっきのDVDを見せます。

―映像を再度見せる。「しごと」「つくり」を赤で板書―

青山	この仕事をするのに、どうしても必要な場所を説明したほうがいいね。いったいどこだろう？窓がついていますかな。
児童	だめ。
青山	では、絶対これは説明した方がいいというものをお隣さんと話して。どうぞ。

―隣同士で話し合い（約1分）―

青山	Hさん。これを最初に言わないとお仕事にならないという部分を指さしながら説明して。

―児童、前に出てはしごの先端を指さす―

青山	この部分どう説明するの？
児童	人が乗れるようになっている。

解説
複数人に発表してもらい、多様な説明の仕方があることを確認。話し合ったことに沿っていれば、自分なりに書いてよいことを示した。

解説
仕事とつくりの因果関係を押さえた文章にする必要があるため、つくりには何を説明すればよいのかを改めて確認した。

青山　人が乗るところがついているのね。なるほど。まだある？　Ｉさん。

―児童、前に出てはしごの中盤を囲む―

青山　はしごは？
児童　間違っていない。

―その後、はしご車の脚、はしごの先のホース、ホースの入り口、タイヤなどの意見が出る。児童から出た「はしご」「人が乗る」「あし」「ホース？」「タイヤがたくさん」を板書―

青山　はしごは間違いないってみんなうなずいたでしょ？　人が乗るところもついてたでしょ？　脚もついてるでしょ？　ホースの出口があるところも間違いなかったでしょ？　タイヤがたくさんついてるのも、間違いが……。
児童　ない。
青山　この中で、説明したほうがいいつくりから、１番、２番と、番号をつけたほうがいいね。どれを１番にしよう？

―「はしご」「ホース」などの声が上がる―

青山　まず、高いところの火を消すには、何が必要？
児童　ホース。
児童　ホースだけあっても助けられない！
青山　じゃあ、ホースが１番じゃダメってこと？　どれを１番にする？（３人当てる）

―３人とも「はしご」と発言―

青山　はしごが１番でいいですか？　でも、「はしご」だけじゃ説明にならないね。今までの文で、使えそうなヒントはなかったかなあ？　「そのために」と「はしご」を使って、どんなふうに言ったらいいかお隣さんに説明してください。

―隣同士で話し合い（約１分）。板書の「はしご」を黄色で囲み、①と記入。話し合い後、児童を当てる―

解説
つくりとして入れたい部分を発表させるとき、前に出てさし絵を示すだけでは他者に説明できないため、示した部分を言葉で説明することを促した。

解説
つくりを書くにあたり、つくりの順序性を考えなければならない。次時にこれまでの説明文を振り返りながら改めて考察するが、本時では、はしご車の説明としてどのつくりを最初に持っていく必要があるかを検討していく。

解説
つくりでも、仕事のときと同様に説明の「型」を意識させる。

児童	そのために、はしごが伸びたり動いたりするように作ってあります。
青山	さっき（映像では）どうだった？（再度映像を見せて）はしごどうなってた？
児童	上がりながら伸びる。
青山	そのために、はしごが、何にしますか？
児童	「のびたりうごいたり」。
児童	「うごいたり」だとクレーン車と同じだから、「ちぢんだり」がいいよ。
青山	伸びただけだと火に届かないかもしれないから、先生はさっきのを取り入れて、「はしごがのびたりうごいたり」にしておきます。
児童	「うごいたりするようにつくってあります」。
青山	何見てそう言ったの？
児童	クレーン車。
青山	クレーン車にヒントがあったんですね。使えるねえ。

―「そのために、（貼紙）はしご車がのびたり、うごいたりするように、つくってあります。」と板書。貼紙に「～つくってあります。」と記入―

解説
「のびる」「ちぢむ」だとはしご車の横への動きを捉えられないため、板書では「ちぢむ」ではなく「うごく」を採用した。「これまでの説明文の中にヒントがある」ということを伝えているため、児童はクレーン車などの説明文を参考にして言葉を出している。板書の内容ではなく、自分なりに書いてもよいことも伝えている。

| 青山 | これでよし。 |
| 児童 | だめ、2つ答えがないと。 |

―児童が、これまではつくりの文が2つあることと、はしごだけでは説明しきれない部分があるから、もう1文必要であることを説明―

解説
作りには2文が必要だということが、児童の発言から出た。これを広げて、2文目、2番目に重要な要素は何かを検討する。

青山	2番目に大切なのは、どれかな？
児童	ホース。ホースがないと火が消せない。
児童	だけど、人が乗るところが無かったら、救助活動ができない。
青山	ここ（はしごの先端＝バスケット）が無かったら、ホースがあっても人を助けることが……。
児童	できない。
青山	ホースだけあっても……。
児童	意味ない。
児童	でもホースがないと火を消せないよ。
青山	ホースを書きたい人は、ホースだけを書くのか、それとも（人が乗る）バスケットも書くのか、

青山　考えようね。
青山　人が乗るバスケットが……。
児童　ついています。
青山　人が乗るバスケットが、ついています。ホースを書きたい人は、ホースでも言うことできます。2つ目の文を自分で考えて、「ついています」を使って書いたら、先生のところにプリントを出して終わりにします。

―貼紙に「ついています」と書く。児童はワークシートにつくりを記入。机間巡視―

青山　今、Jさんがすごいことに気がついた。「バスケットがついています」は、どこについているのかわからないって。「はしごのさきに」を入れるといいんだね（板書）。
青山　ヒントほしい人いる？　Kさんがくれます。
児童　（書いた文章を読む）そのために、はしごが伸びたり動いたりするように作ってあります。火を消すために、ホースの出口があるバスケットがはしごの先についています。
青山　「ついています」の前に「はしごのさきに」でもいいね。今のヒント「いただきます」できそう？書き終わったらおしまいにしてください。

解説
つくりの1文目は最も重要である「はしご」に決まったが、2文目は、人によって重要な部分が異なっている。意見をまとめて1つに絞ることはせず、ホースやバスケットが仕事にとってどう重要であるかを説明しながら、何を選択するかは児童それぞれの判断に任せることにした。
選択したものと、仕事との因果関係があるつくりの説明になるよう促している。

解説
板書では当初「人が乗るところ」としていたが、「バスケット」という名称が児童の口から出たので、板書に「バスケット」を追記している。

解説
「ついています」の言葉も、それまでの説明にヒントがあったことを確認した。

子どもの作品

「はしご車」視写
※実際の作品は、見開きの左ページははしご車のイラスト、右ページは文言になっています。

Gさん

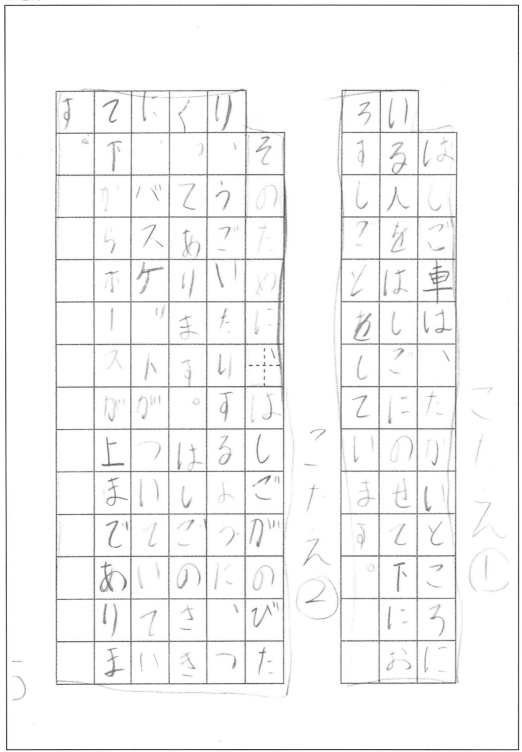

こたえ①
はしご車は、はしごをたかくのばしたりする人をはしごにのせて下におろしたりします。

こたえ②
そのために、ついたはしごよりつのさきったりはしごが上までありますバスケットがついてあります下からホースが上まであり

Hさん

はしご車は、かじのときにたかいところの火をけす、しごとをしています。

そのために、はしごがのびたり、うごいたりします。はしごのさきには、バスケットがついてあります。こにホースのでぐちがついています。ます。

こたえ⑦

第6時 事例の順序性を考える
―文章を俯瞰的に捉え、各自動車の説明の順序性を考える―

1 本時の概要

　第6時では、まず音読をしながら全体の流れを捉える。続いて、「答えの順番を考える」という本時の主題を提示したうえで自動車の説明の順序を押さえてから、この文章がどのような理由・意図でこのような説明の順序となっているのかを考える。

　3つの事例を比較して相違点や共通点を考えながら、身近な自動車から特殊な自動車へと説明が移行していることを見つける。

2 本時の学習目標

- 文章全体の流れを捉えることができる。
- 各自動車がどのような順序で説明されているのかを考察することができる。
- 3つの事例を比べ、各自動車の相違点と共通点を考察することができる。

導入

1 前時に学習した説明の仕方（述べ方）を復習する

―日付と題名を板書―

青山　「じどう車くらべ」をみんなで声を揃えて読みます。題から、さんはい。

―児童音読（題～クレーン車の説明まで）。その間、「とい①」「どんなしごとをしていますか」「そのために」「とい②」「どんなつくりになっていますか」の貼物を掲示―

青山　みんなはもう1つ何を作りましたか？
児童　はしご車。
青山　はしご車を作ったね。問い①、問い②とあって、その後に、答えが必ず来てましたね。

OnePoint
児童の音読の姿勢が悪いときは、音読を止めて姿勢を正すように注意する。

―前時に作成した答えの貼物を掲示。答え①と②が仕事とつくりの説明であることを確認―

青山　この前、みんなはこれらのことに注意して、はしご車のことを書きました。そのとき、「○○は、」、「はしご車は、」からスタートしていたね。いきなり、「人を助ける仕事をしています」では？

児童　変。

青山　そう、何が？　ってなっちゃうね。

―つくりでも仕事と同様に「○○は、」が必要であることを説明し、答え②に「○○は、」と追記。貼物は、

解説
答えの文の構造をまとめた。答え方の型を押さえることは、自分で自動車図鑑を書く際に必要な要素となる。

> こたえ①（しごと）
> ○○は、〜しごとをしています。
> そのために、
> こたえ②（つくり）
> ○○は、〜つくってあります。
> 〜ついています。

とまとめられた―

青山　「○○は、」「〜つくってあります。」とか、何々が「〜ついています。」となっています。

― 展開 ―

2　自動車の説明順から、その理由を考える

―貼物を外し、児童にノートを準備させる。「◆こたえのじゅんばんをかんがえよう。」と板書して赤で囲む。児童視写―

青山　（「じどう車くらべ」には）どんな車について答えがあったでしょう。順番もきいていきます。1つ目は、何の車について書かれていましたか？

―児童半分ほど挙手―

第6時　事例の順序性を考える　123

青山　全員手が挙がるはずだけど、教科書を見ていいんだよ。1つ目の車は？

―3人指名し、全員が「バスや乗用車です」と回答―

青山　いいですか？　1つ目はバスや乗用車でした。

―「①バスやじょうよう車」と板書―

青山　2つ目は何だったかな？　……教科書には全部でいくつありましたか？
児童　3。
青山　では、2つ目と3つ目の答えの車をノートに書いていて。先生見に行くよ。

―「②、③」と追記し、児童は②・③の答えを自分のノートに書く。机間巡視―

青山　2つ目は？

―児童、半分ほど挙手。3人指名し、全員が「トラックです」と回答―

青山　トラック、よろしいですか？
児童たち　はい。

―②の下に「トラック」と追記。同様に3つ目でも当てられた3人全員が「クレーン車です」と回答。③の下に「クレーン車」と追記―

青山　さて、ここからが問題です。一体、どうしてこの順序で説明したんだろう？　1つ目をクレーン車、2つ目をバスや乗用車、3つ目をトラックじゃなくて、バスや乗用車、トラック、クレーン車という順番なのは、これを書いた人がいろいろ考えたからだと思うの。
児童　難しい。
青山　では、どうしてこんな順序なんだろうについて、お隣さんとどうぞ。

―児童、隣同士で話し合い（約2分）。机間巡視―

> **解説**
> 説明の順序を考える前提として、何が書かれていたかを全員で把握している必要があるため、丁寧に聞いていった。

One Point
前の人と意見が同じ場合、「○○さんと同じ、～～です。」と言って、前の人の発言を受けて話すように習慣づけている。

> **解説**
> 児童から難しいという声が上がったため、隣同士で話し合いの時間を設け、考えを深めさせた。

青山 いろんな順序がありそう。Aさん。

児童 仕事が多い順。

青山 Aさんが言ってる「仕事が多い順」ってどういうことだと思う？

児童 バスや乗用車が1番たくさん仕事をしてて、トラックが2番目に仕事をしていて、クレーン車が3番目に仕事をしてる。

児童たち うんうん。

青山 さっきね、Aさんはお隣さんと時間が長いって話してたの。バスや乗用車は長い時間仕事をしてるけど、クレーン車は？

児童 短い。

青山 うん。じゃあ、1つ目……仕事が多い順。もう1つ出たから、もう1つも書いとくね。

―「・しごとがおおいじゅん。」「・しごとをするじかんがながいじゅん。」と板書。児童視写―

児童 車体が大きい順。

児童 でもバスよりトラックのほうが小さくない？

青山 車体の大きい順とは言えないけど、乗用車はいちばん小さいね。

児童 タイヤが多い順。

児童 トラックのほうが多いよ。

青山 タイヤの数や車の大きさだとうまくいかない順番もあるのか。なかなかうまくいかないね。

児童 脚がある順。

児童 トラックも確かにあるやつもある。

児童 バスとか乗用車にはない。

> 解説
> 児童の意見に対して、先生だけでなく児童も積極的に肯定的な意見や反例を挙げている。クラス全員で意見を1つ1つ検討しながらまとめていった。

―バスや乗用車、トラック、クレーン車、はしご車の脚の有無を1つずつ児童と確認―

青山 タイヤだけじゃないものがつくようになっているってこと？ タイヤだけから、脚とか、腕とか、いろいろなものがつく順。

―「・タイヤだけ→いろいろなものがつくじゅん」と板書。児童視写―

児童 難しいこと順。

> One Point
> 「タイヤだけ→いろいろなものがつく順」の補足として、乗用車は椅子やトランク、窓、タイヤしかないが、トラックやクレーン車、はしご車になるといろいろ特殊なものがついていくことを児童と確認した。

第6時 事例の順序性を考える 125

青山　どういうことかな？
児童　難しい仕事順。
青山　バスや乗用車のほうが難しいの？
児童　違う。バスや乗用車のほうが簡単。
児童　あ、そうか。簡単順だ。
青山　仕事が簡単から、だんだん仕事が……。
児童　難しい。
青山　仕事が簡単から難しいになる。

―「・しごとがかんたん→むずかしい。」と板書。児童視写。先生は、乗用車は運転できるが、トラックやクレーン車は別な免許が必要で、運転できないということを補足した―

解説
反対語は1年生にはやや難しいが、語彙を増やすうえで必要な学習である。難度の高い反対語の場合は、教師から言葉を与えるとよい。

青山　普通の人ではだんだん？　運転……。
児童　できない。
青山　今日朝、バスや乗用車を見かけた人？

―児童ほぼ全員挙手。トラックを見た児童はやや少なくなり、クレーン車を見た児童は10人ほどだった―

青山　だんだん手が下がっていったというのは、何順だろう？
児童　見かけた順？
青山　そうだね。よく見かける順だね。

―「・よく見かけるじゅん。」と板書。児童視写―

青山　よく見かけるっていうのを、ちょっと格好いい言葉で、身近と言います。身近なもの。私たちがよく見かけるとか、よく使うものという意味です。

―「よく見かける」を黄色で囲んで「みぢか」と横に追記。児童視写―

One Point
語彙の広がりとして「身近」を取り上げたが、表記に注意して視写させたい。「みぢか」は私たちに近いという意味を説明し、「みじか」「見ぢか」ではないことを伝えた。

青山　まだ何か違う順序がある人はいますか？
児童　特殊なもの。

―児童、前に出てクレーン車が特殊であると説明―

青山　特殊って言葉はわかる？　特別という意味です。だから、こっち（バスや乗用車）が身近で、こっち（クレーン車）にいくと、特殊とか特別ということです。

―車名の上に「みぢか→とくしゅ／とくべつ」と追記。黄色で囲む。また、黄色囲み横の「みぢか」にも「→とくしゅ」と追記―

児童　バスや乗用車からクレーン車までいくと、だんだんつくりが頑丈になっていく。

青山　確かに。さっき「いろいろなものがつく」という意見が出ましたが、いろいろなものがつくのをみんな言葉知ってたじゃない？

児童たち　つくり。

―「いろいろなものがつく」に黄色で波線を引き、「つくり」と追記―

青山　つくりが複雑になったから、説明しなくちゃいけなかったんだね。

―「・つくりがかんたん→ふくざつなじゅん。」と板書し、中身が一緒ということで「・タイヤだけ～」と線で結ぶ。児童視写。最後に出てくるはしご車も特殊な自動車であることを補足した―

―最後にミキサー車とショベルカーの写真を見せ、次時に映像を見ることを告知。また、自分でも図鑑を用意するとよいことを伝達―

> **OnePoint**
> 児童に対して、ミキサー車やショベルカーは工事現場で働くので、仕事をしているところを見たことがある人は少ない。そこで、次時に映像を見て、仕事やつくりがどうなっているかを確認しよう、と告知した。

第6時　事例の順序性を考える　127

第7時 学習したことを活用し、『じどう車図鑑』を作る
―〈ミキサー車〉〈ショベルカー〉の映像から必要な情報を選び、文章にまとめる―

1 本時の概要

第7時では、まず第5時で学習した〈はしご車〉の説明文を作る活動を復習し、仕事とつくりの因果関係を確認する。

その後、新規素材として〈ミキサー車〉と〈ショベルカー〉の説明文を作成する。それぞれの車の映像を見て、仕事内容とそのために工夫されているつくりを探す。その後、教科書の説明文のように各自動車の紹介文を作成する。

2 本時の学習目標

- ミキサー車とショベルカーの映像から、文章を書くのに必要な情報を探すことができる。
- 選んだ車の仕事とつくりについて、教科書の説明文の構成を参考にして文章にまとめることができる。
- 仕事とつくりの因果関係を捉え、自分なりに文章に書き表すことができる。

導入

1 仕事とつくりの因果関係を確認

―スクリーンに教科書30・31ページを表示。作成した「答え」の貼紙も掲示。まずは音読から始めた―

青山 （貼紙を示しながら）答えの1つ目が仕事。仕事を書くとき、どんな言葉で終わればよかった？
児童 何とかの仕事。
青山 そう、「○○は、〜しごとをしています。」でしたね。答え②のつくりの説明は「そのために、」「○○は、〜つくってあります。」とか？
児童 「〜ついています。」。
青山 まだ使えそうな言葉があります。（スクリーンを見ながら）「〜になっています。」も使えるね。ヒントとして書いておきます。

―貼紙に「〜になっています。」と追記―

解説
トラック説明文の中に、「〜ひろいにだいになっています。」とある。「答え」の貼紙では「〜なっています。」を書いていなかったため、これから児童が独自に書く際の書き方の例の1つとして追記した。

青山　でも、はしご車のときに、「そのために、赤い色をしています。」ではだめだよね。「そのために、丈夫な脚がついています。」は？
児童　だめ。
青山　そうだね、仕事をするのに大事な順だったよね。はしご車のとき、つくりはどれが1番だった？
児童　はしご。
青山　はしごが1番だった。2つ目が？
児童　ホース。
青山　ホースとかバスケットだったよね。大事な順を考えないで、ぱっと見て「あ、赤い」、「そのために、赤い色をしています。」。「あ、脚ある」、「そのために、丈夫な脚がついています」では……。
児童　だめ。
青山　大事な順を考えないといけません。

―「つくり（丸囲み）だいじなじゅん」と赤字で板書―

> **解説**
> 自動車図鑑（説明文）を書く際は、書き方よりも、仕事との因果関係がはっきりした作りの選択が何よりも大事であることを強く意識させる。作りの選択を適切に行えるよう、「だいじなじゅん」と赤字で板書した。

展開

2　オリジナル図鑑の作成

青山　今日は、2つの中から選んでもらおう。

―スクリーンに、ミキサー車、ショベルカーの画像を表示。記入用のワークシートを配布―

青山　（ワークシートを見せながら）左側に絵を描いてもいいですが、写真も用意しました。ミキサー車と、ショベルカーとではどちらを選びますか？まず仕事をしているところを見てもらおう。ミキサー車からいきます。どんな仕事か、そのためにどんなつくりかわかるかな。

―ミキサー車の映像を流す―

青山　どこが回ってる？
児童　ドラム。

第7時　学習したことを活用し、『じどう車図鑑』を作る　129

青山	ドラムでもタンクでもいいね。中に何が入ってるんだろうね？
児童	コンクリート。
青山	（もう一度ミキサー車の映像を見ながら）ドラムとかタンクが回ってます。どんな仕事かな。これは、何を運ぶ車っていったらいいんだろうね。
児童	コンクリート。
青山	土じゃなくて、コンクリートを運んでいます。
児童	道路を造ってるみたい。
青山	そうだね。コンクリートだから、そのまま入れておいたら？
児童	固まっちゃう。
青山	お仕事しようと思ったら、出てきません。中でコンクリートがかっちんかっちんじゃ、困るね。次は、ショベルカーです。

―ショベルカーの映像を流す―

青山	何の仕事だろう。
児童	土を運んでいる。掘ったりしてる。
青山	土を掘る車だ。
児童	違う、掘ったり運んだり。
青山	なるほど。掘るだけだったら、これ（腕を上下に動かす動作）だけだもんね。（もう一度ショベルカーの映像を見ながら、ショベルカーの腕を示して）これ何ていったらいい？
児童	腕。
青山	（ショベル部分を示して）ここは？
児童	ショベル。
青山	腕の先についているのが？
児童	ショベル！　だからショベルカーっていうんだ。

―スクリーンを片づける。「ミキサー車」「ショベルカー」と板書―

青山	今2回ずつ見てもらいました。ミキサー車とショベルカーがありましたね。ミキサー車、何を運んでたんだっけ？
児童	コンクリート。

> **解説**
> この後の書く作業を見据えて、映像を見ながらポイントになる部分を確認する。ミキサー車はコンクリートを運び、コンクリートを固まらせてはいけないから、ドラムが回っているのだと、ひとまず簡単にまとめた。

> **解説**
> つくりを書く際に戸惑わないよう、ポイントになる各部分の名称を定めて共有させておく。

130　Ⅳ章　「じどう車くらべ」全時間の授業

青山　後ろについてた丸っこいのは何だっけ？
児童　ドラム。

―「コンクリート」「ドラム」と板書―

青山　ショベルカーは、何する車だった？
児童　土を掘って運ぶ。
青山　「掘る」と「運ぶ」仕事があったのね。「土を掘る運ぶ」じゃだめだから、文にしないとね。
児童　掘って運ぶ。
青山　「掘ったり運んだり」っていうのも使えるね。「掘って運ぶ」でもいいし、「〜したり」も使えたね。何だっけ、これ（ショベルカーの腕の動作）？
児童　腕。
青山　腕の先についてたのが？
児童　ショベル。

―「つくってほる」「はこぶ」「〜たり」「うでのさき」「ショベル」と板書―

青山　では、ミキサー車とショベルカーのどちらの説明を書くか決めてください。

―ミキサー車、ショベルカーとも半分ほどずつ作りたい人がいた。児童は、自分の名前が書かれたマグネットを2台どちらかの板書に貼り、車の写真を取った―

青山　説明するから座ってください。いいですか？「くちばし」のときより、いい図鑑を作ろうとしてるでしょ？　だから、下書きをお友達一人には読んでもらいましょう。いきなりここに書いちゃって、失敗したら困るよね。まず、ノートに仕事とつくりの説明を書きます。
児童　下書きってこと？
青山　そうです。まずノートに書きます。

―「①ノートにかく」と板書―

青山　ノートに書き終わったら、同じ車を選んだ人と交換して読み合いましょう。

解説
はしご車のときは、児童の発言をもとに仕事とつくりをまとめて板書した。しかし今回は説明に必要なキーワードのみを示し、児童が各自で文をまとめさせる活動へとステップアップさせている。

OnePoint
注目すべきところをしぼり、文章の方向性をある程度示す。また、「〜たり〜たり」という表現を示して、書く活動が難しくならないように配慮している。

解説
ミキサー車とショベルカー、どちらかの文を書き終わった人は、もう片方の文づくりにも挑戦してよいことも伝えている。

―「②ひとりとこうかん」と板書―

青山 読み合いっこして、もうちょっとこうしたほうがいいんじゃない、というところがあったら、直します。そのための交換です。もう大丈夫となったら、清書します。

―「③せいしょ」と板書―

青山 清書は、さっき配った紙に書きます。わかったかな。全部で文はいくつ？ 仕事は何文？ びしっと挙げてください。

―児童のほとんど、人差し指を立てて挙手。―

青山 仕事は1文（貼紙に「一文」と記述）。つくりは2文（貼紙に「二文」と書く）。では、どうぞ。

―児童、作業開始。机間巡視―

青山 ちょっとヒントをあげます。まずショベルカーの人だけ、先生のほう向いてください。Aさん、1つ目のつくりまで読んでください。
児童 ショベルカーは、土を掘ったり、土を運ぶ仕事をしています。そのために、腕の先にショベルがついています。
青山 そうなんだけど、ショベルって私たちがこうやって（小さいショベルの絵を板書）使ってるのもショベルだと思うんです。こういうのがついてる？
児童 違う。
青山 どんなショベルかも書かないと。それにAさんは、一生懸命写真を見て、運ぶための2つ目を探してたら、タイヤじゃなく、何がついてた？
児童 キャタピラ。
青山 運ぶのに、タイヤだったらパンクしたり、がったんって倒れちゃったりする。タイヤじゃなくて、キャタピラというものがついているんだね。
青山 それから、他のところを書いている人もいました。そのまま同じ場所でこうやってたら（腕を上下に動かす）？

> **One Point**
> クラスメイトの文章をチェックする過程は、自分の文章を判断してもらう場となり、他人の文章を読む場合は自分では気づかなかった点や上手な表現に触れる機会にもなる。

> **解説**
> つくりは2文以上でも構わない。しかし、ここでは仕事に関わる度合いを意識して選択させるために、あえて2文とした。

児童　意味ない。
青山　途中で、この腕はどうなった？
児童　ウィーンって。
青山　そう、ウィーンって回転したね。どこから回転した？腕だけ回転した？
児童　腕の根元から先。車体。
青山　そう、車体が回転していましたね。

―ショベルカーに「車たいがかいてん」と板書―

青山　さあ、どちらを書こうか。キャタピラを書きたい人もいるし、車体が回転するほうを書きたい人もいるね。交換が終わった人は、清書していいです。困ってますという人は、もう清書に入っている人に相談に行ったり、先生に相談に来たりしましょう。

―児童作業。机間巡視―

青山　ミキサー車の人にヒントを言ってなかったね。Bさん、読んでください。
児童　ミキサー車は、コンクリートを運ぶ仕事をしています。
青山　仕事はみんな書けてるんだけどね、ここからがすごくいいの。
児童　そのために、大きなドラムがついています。コンクリートを固めないためにドラムを回しています。
青山　気づいた？　ドラムがついています、だけじゃなくて、固めないため、とか……。

―ミキサー車に「かためないため」と板書―

児童　わたしは、固まらないように、って書いた。
青山　いいですね。回していますっていうのもいい。Bさんのお手本がヒントになった人も多いんじゃないですか？

―この後も、図鑑づくりの作業を行った―

解説
これまで児童の口から出てくることはあったが、改めて車の体のことを「車体」と確認し、板書してすべての児童が使えるようにした。

One Point
上手に表現している児童の作品を紹介し、苦戦している児童へのヒントとするとともに、児童を褒める機会としている。

子どもの作品

●「ミキサー車・ショベルカー」下書きノート

Iさん

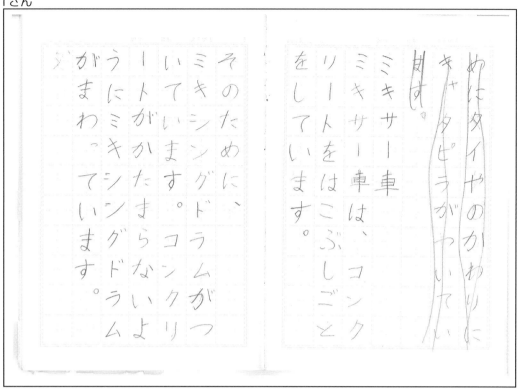

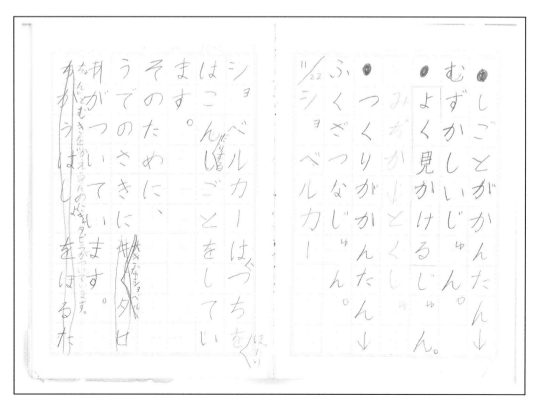

Jさん

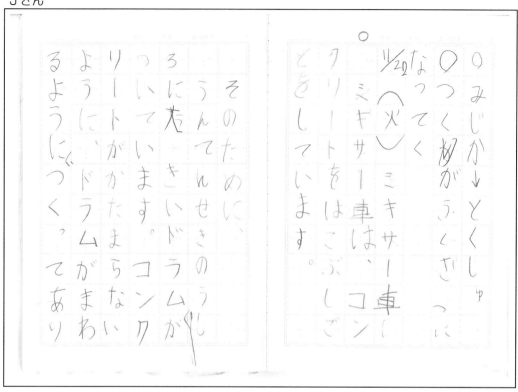

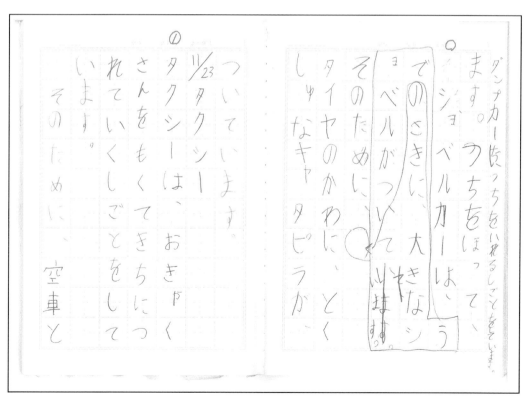

第8時 因果関係を意識して文章を書く
―〈郵便車〉〈ダンプカー〉の映像から必要な情報を選び、文章にまとめる―

1 本時の概要
第8時では、まず〈ミキサー車〉と〈ショベルカー〉の仕事やつくり、その書き方を振り返る。その後、新たな自動車図鑑作成のために、〈郵便車〉と〈ダンプカー〉の映像を見ながら、仕事やそのためのつくりを考える活動を行う。選び取った情報をもとに、仕事とつくりの因果関係がはっきりするような説明文づくりに挑む。

2 本時の学習目標
- 郵便車とダンプカーの映像から、文章を書くのに必要な情報を選び取ることができる。
- 選んだ車の仕事とつくりについて、因果関係を捉えながら、自分なりに文章に書き表すことができる。

導入

1 前時の復習

―「ミキサー車」「ショベルカー」と板書され、写真が貼られている。他に、郵便車とダンプカーの写真も掲示。「答え」の貼紙も掲示―

―まず、ショベルカーの写真や映像を見せる―

青山 脚のところが……。脚じゃなく、これ何だった？
児童 キャタピラ。
青山 （腕の先を示しながら）ここが？
児童 ショベル。
青山 「大きなショベル」だね。どこについていた？
児童 腕の先。
青山 腕やアームの先になんて書いた人いましたね。

―ミキサー車の写真や映像を見せる―

青山　どこが回っているんだっけ？
児童　ドラム。
青山　ドラムだったり、タンクのようなものって書いたりしてもいいね。わからなかったら「〜みたい」「〜のような」って使えばいいね。

―「〜のような」「〜みたい」と板書―

青山　このような言葉を使うと、（つくりの正式な）名前がわからないけれど、「丸いタンクのようなもの」で……。
児童　わかる。
青山　ドラムという名前を知らなくても書けますね。こんな言葉を使えば、これ以外の車でも、ここは何て言うんですか、って聞きに来なくても大丈夫です。

OnePoint
児童が書きやすくなるよう、「〜みたい」「〜のような」といった比喩を使った書き方を示す。語彙習得の機会にもなる。

== 展開 ==

2　新しい自動車の説明文作成

青山　今日ね、本持ってきた人もいますね。やりたいものを決めてきた人もいます。
児童　やりたかったけど図鑑が家になかった。
青山　いいですよ。先生も用意しました。郵便車とダンプカー。かっこいいのを用意しておきました。

―「ゆうびん車」「ダンプカー」と板書―

青山　郵便車もダンプカーも、今から中身を見せます。見た後で、「仕事」をまず1文で書きます。「そのために、」があって、「つくり」を……。
児童　2文。
青山　どうしてもの場合は3文でもいいです。だけど……。
児童　何でもいいわけじゃない。
青山　そう。郵便車は運ぶために赤いって言ったら？
児童　意味がわからない。

解説
前時の後に、ミキサー車とショベルカーの説明文を引き続き書いた。2種類とも書いている児童もいるが、図鑑作成のために次の自動車を提示した。

—「つくり」貼紙の「そのために、」の下に「大じなじゅん」貼紙を掲示—

青山 「そのために、」「大じなじゅん」につくりを書きます。郵便車ってどんなふうになってるんだろうね。では、見てください。

—郵便車の映像を2度見せる—

青山 （映像を見ながら）どんな仕事をするのかな。あ、中が……。
児童 手紙を入れる袋だらけ。
青山 2色あるね。
児童 大きい封筒と分けるんだ。
青山 手紙を出してきたね。2色に分かれているのを混ぜないで、2色の袋のまんま分けて運んでる。
青山 何で袋がいっぱいあったんだろう？ 今、2個しか使ってないですね。
児童 他の郵便ポストからも取ってくるから？

—続いて、ダンプカーの映像を2度見せる—

青山 （映像を見ながら）何がついている？
児童 大きなタイヤ。タイヤが二重になっている。
青山 荷台が……。
児童 上がったり下がったりしてる。
青山 運ぶだけじゃないのか。
児童 あ、ショベルカーだ！
青山 ショベルカーの後ろで働いています。荷台のところと、タイヤに特徴がありそうですね。
青山 キャタピラじゃなくて、タイヤが？
児童 二重。どうして二重になってるんだろう？
青山 前は1本ずつ、後ろはもっとあるね。前と後ろとどっちが重い？
児童 後ろ。いっぱい入っているから。
児童 だから後ろにタイヤがいっぱいあるの。しかも2つ並んでて……。
青山 「しかも」！ ただいっぱいあるだけじゃなくて。今ので2回ずつ見たね。

解説
改めて、説明文作成の際は仕事とつくりの因果関係を第一に考えることを確認した。「大じなじゅん」を強調することで、その意識づけを行った。

解説
前時では各自動車を説明するためのキーワードを板書したが、本時ではさらに進んで、映像を見ながら読み取れるかどうかとした。なにも発言せず映像を見るだけでは仕事やつくりを読み取れない児童もいるため、映像の観賞中に説明に使えそうな特徴をヒントとして与えた。観賞中は、児童も自動車の特徴的な部分を積極的に発言していた。

One Point
児童の口から出た、説明するのに便利な言葉（今回は「しかも」）を、好意的に反応して積極的な活用を促す。

―郵便車、ダンプカー、もしくは自分で持ってきた本にある車のどれかを選んで図鑑を書く作業を開始。前時と同様に、ノートに下書き⇒同じ車を書いている人に読んでもらう⇒清書という流れで作成―

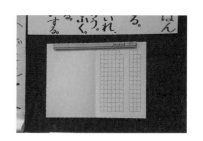

青山　本の文は参考にしていいけど、仕事とつくりで書いてね。「そのために」も使ってね。
青山　つくりを考えてから書いたほうがいいよ。書き出してから「1個しかない」とならないようにね。
青山　郵便車の人、「手」の字は習ったから「手がみ」と書いてください（「手がみ」と板書）。

―図鑑作成作業。児童からの相談や質問に答える―

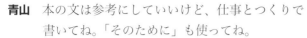

青山　（ダンプカーを書いている児童に）「タイヤは後ろだけ二重になっています」。わかりやすくていいね。でも、何で二重になってるの？
児童　荷台と土があるから。
青山　じゃあ、今言ったことを入れよう。荷台と土が重いので、タイヤが後ろだけ二重になっていますかな。
青山　（サファリバスを書いている児童に）「そのために、動物が入ってこないように……」。これ、ふつうの網戸だったらビュッて破られるよ。何でできた網戸？
児童　鉄でできた。
青山　「鉄でできた網戸がついています」。これ、変わった形をしているね。2つ目に、何のためにこんな形をしているかというと……。
児童　驚かないように。
青山　そうだね。こっちを1番、こっちを2番にしたら完璧じゃない？
青山　（郵便車を書いている児童に）ただ運んでいるんではなくて、色の箱で分けて運んでいることも説明しよう。箱が色分けされていますとか、違う箱の色がありますとか……。

―次時で、作成した図鑑を読み合い、互いに感想をふせんに書いた。―

解説
ダンプカーや郵便車だけでなく、自分で本を持ってきて書いているサファリバスやロードローラーなどの児童にもアドバイスした。

解説
仕事とつくりの因果関係が明確な文章になるよう、児童が書いた文を生かしつつ、つくりのアドバイスや仕事内容の補足、つくりの順番の提案など児童と対話しながら指導を行った。

第8時　因果関係を意識して文章を書く　139

● 子どもの作品
●オリジナル図鑑づくり

下書き

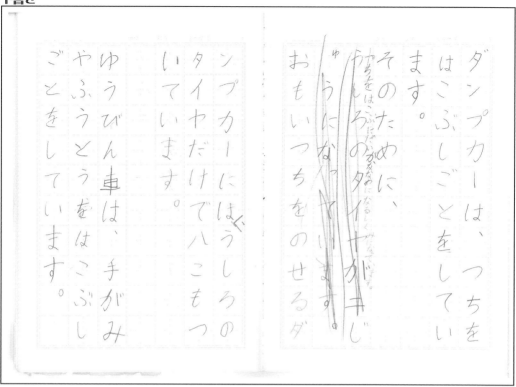

清書

下書き

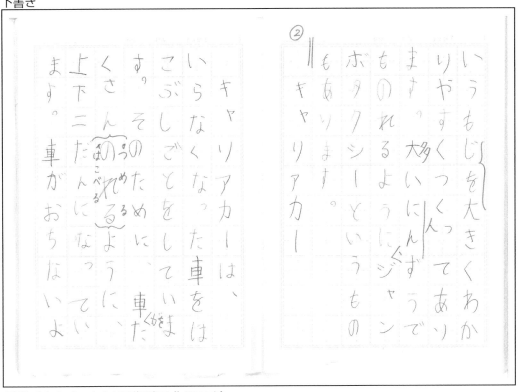

清書（上のノートとは別児童の作品です）

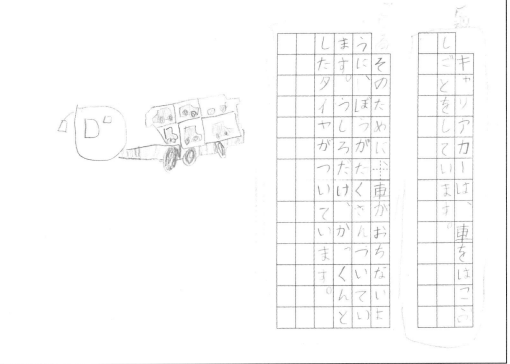

補助単元—教材:「しっぽのやくめ」

第1時 【因果関係】や【推測】の思考を耕す
―学習したことをもとに、初読の文章の構成を捉える―

1 本時の概要

児童にとって初めて見る文章である「しっぽのやくめ」を、さし絵や文を少しずつ出しながら、先を予想して読み進める。先を予想するには、「くちばし」や「じどう車くらべ」で学習した「問い」や「答え」、「すること」と「つくり」の関係を活用しなければならない。文章の構成を把握した後、最後の事例のしっぽの役目を説明する文章の続きを、さし絵をもとに考えていく。

2 本時の学習目標

● 学習した文章の表し方をもとに、初めて見る文章の構成を捉えることができる。
● さし絵からしっぽの役目を説明するのに必要な情報を読み取り、構成を意識して文章に表すことができる。

― 導入～展開 ―

1 文章の内容や構成をとらえる

―題名を知らせずに1つ目の文字の貼物を掲示―

青山 一緒に読みます。さんはい。

―児童音読「どうぶつのしっぽは、いろいろなやくめをしています。」。その後、文に対応したさし絵も掲示―

青山 動物のどの部分？
児童 しっぽ。
青山 この絵はしっぽの絵ではないけど、次はこんなさし絵がついています。何だろう？

―しっぽのさし絵を掲示―

児童 さるのしっぽだ。
児童 へびだと思う。
青山 そこにはこんな文章が書いてあります。

解説

「くちばし」や「じどう車くらべ」で学習した文章構成を、別の素材で再度扱い、定着を図る。素材は『光村ライブラリー第五巻』かわたけん文／やぶうちまさゆき絵「しっぽのやくめ」(光村図書出版)を使用。くもざる、きつねは素材文通りだが、牛はさし絵から考えた児童の文章で進めていった。テキストを一段落ずつ提示することで与えられた情報から答えを予想する場づくりとした。

―2つ目の文字の貼物を掲示して、児童音読「ながいしっぽです。これは、なんのしっぽでしょう。」―

児童　またか。
青山　何が「またか」なの？
児童　「問い」がある。

―問い「これは、なんのしっぽでしょう。」を再度音読し、「とい」と板書―

解説
「問い」がある、という既習の事項との関連に気づいた児童の発言を拾い、話を進めている。

青山　ってことは、この先に……。
児童　「答え」がある。
青山　この答えは何だと思う？　しっぽで何してるんだろうね。

解説
問いに対する答えを予想させるだけでなく、しっぽで何をしているかも考えさせた。「しっぽのやくめ」というテーマからそれないようにする。

―児童から、しっぽでくるみや果物を取っているなどの意見が出る―

青山　いったい何のしっぽか。次にこんなさし絵がありました。

―3つ目のさし絵と文字の貼物を掲示し、「こたえ」と板書。児童音読「これは、くもざるのしっぽです。くもざるは、しっぽでくだものをもぎとります。くもざるのしっぽは、手のようなやくめをしているのです。」―

青山　くもざるは、しっぽで何を取っていたの？
児童　果物。
青山　果物を、どうするって書いてある？
児童　もぎ取る。
青山　「果物を取る」と同じ？。

解説
文章構成をつかむ素材であるが、語彙の充実も図る。「取る」と「もぎ取る」の違い考えさせ、説明の内容を捉えやすくさせた。

―実際に「取る」と「もぎ取る」の動作を児童にさせて、その違いを確認した―

青山　ねじみたいに、ひねって取るのが「もぎ取る」だね。みんな手でもぎ取っていたけど、くもざるはそれをしっぽでする。
児童　手で取ったほうがいいのに。
青山　くもざるが手で取ったら……。

児童　木にぶら下がってるから、手で取ったらバランスが崩れて、落ちちゃう。
青山　だから、手じゃなくてしっぽで取るんだね。次は、こんなさし絵です。

―4つ目のさし絵と文字の貼物を掲示。児童音読「ふといしっぽです。これは、なんのしっぽでしょう。」―

青山　問いだけみんなで読みます。さんはい。

―問い「これは、なんのしっぽでしょう。」を再度音読し、「とい」と板書。問い部分に赤線を引く―

青山　何の動物だと思う？（児童に答えさせた後、）読んでみましょう。

―5つ目のさし絵と文字の貼物を掲示し、「こたえ」と板書。児童音読「これは、きつねのしっぽです。」―

青山　じゃあ、これでおしまい。次の問題に行こうかな。
児童　だめ。説明がない。
青山　どういうこと？
児童　「これは、きつねのしっぽです。」っていう答えはあるけど、説明がない。
青山　この部分（「くもざる」の説明部分）がなかったよってこと？　なるほど。では、次にどんなことが書いてあるのか……。

―5つ目の貼物の右側に、もう1文の貼物を掲示。児童音読「きつねは、きゅうにむきをかえるとき、しっぽをつよくふります。」―

児童　まだ足りない。
青山　何で足りないと思ったの？
児童　くもざるのときは、説明は2文あるけど、きつねのときは1文だから、もう1文あると思う。
青山　なるほど。次のところいきます。

―さらに1文の貼物を掲示。児童音読「きつねのしっぽは、ふねのかじのようなやくめをしているのです。」―

解説
なぜくもざるのしっぽが「手のようなやくめ」をする必要があるのかが、叙述にはない。児童からの発問で明らかになったが、手では取れない理由を口頭でフォローした。

解説
くもざるでは「答え」と「説明」を1枚で掲示したが、きつねでは説明部分に目を向けてもらいため、「答え」「説明①」「説明②」と細かく分けて掲示した。

青山　「ふねのかじ」って何だろう？

児童　船を動かすためにこうやって回す（車のハンドルを回すような動作）。

青山　今、船を動かすものじゃないかって言ってくれたね。船は「舵」を動かすと、右や左に向かっていきます。向きを変えるときに、「舵」を使うの。だけど、（舵は水の中にあり）潜って舵を変えられないから、ハンドルとくっついてて、ハンドルを動かして船の向きを変えます。あれっ、今読んだ文で向きを変えたのは船だった？

児童　違う、きつね。

青山　（さし絵を示しながら）このきつね、どこに向かっていたの、最初？

児童　まっすぐ。

青山　こっち（正面方向）に向かっていたけど、ねずみがこっち（左）に行ったから、曲がろうとしてるんだね。じゃあ、ここまでを音読してもらおう。

―音読プリント配布して児童音読―

解説
船の舵は、なかなか1年生にはとらえにくい。さらに、舵とは何かという言葉の意味を把握させるだけでなく、それがきつねのしっぽとどうつながりがあるのかを説明していく必要がある。今回は児童の説明を補う形で舵を解説し、クラス全員での理解を図った。

2　文章構成を考えて書く

―6つ目のさし絵を掲示。音読プリントにも、文は書かれていないが同じさし絵が載っていた―

青山　次は……。

児童　牛。

青山　ここに合う文を書くとしたら、どんなのを書いたらいいと思うかな？　「うしのしっぽです。」って書けばいい？

児童　だめ。問いがない。

青山　わかった。「これは、なんのしっぽでしょう。」って書けばいいんじゃない？

児童　だめ。

青山　なんでよ。だって、今問いって言ったじゃない。

児童　きつねのところの「ふといしっぽです。これは、なんのしっぽでしょう。」みたいにする。

青山　いきなり「これは、なんのしっぽでしょう。」じゃ

解説
問いだけでなく、それまでの文章構成を意識させながら、まずどんなしっぽかの文も入れなければならない、説明の文へとつながらないことを確認する。

　　　　だめってこと？　文をいくつ書くの？
児童　2文。
青山　きつね以外にもまだあったよ。「ながいしっぽです」。くもざるのところも参考になるね。「○○なしっぽです」。じゃあ、みんな、(牛のさし絵の下に) 2つ文を書いてください。

―児童作業（3分）―

青山　先生が書いてもいい？　「これは、白いしっぽです。」
児童　だめ。

―「白いしっぽ」など色ではなく、形の特徴を表すことがここでは必要だということを確認した―

青山　Aさんはどう書いたか、読んでみてください。
児童　細くて長いしっぽです。これは、何のしっぽでしょう。
青山　「○○なしっぽです。」の後はみんな同じみたいだね。

―「(空欄)しっぽです。これは、なんのしっぽでしょう。」と板書し、児童音読。その後、答えの文を書くためのプリントを配布。7つ目のさし絵を掲示―

青山　答えの最初には何を書いたらいいですか？
児童（B）　わかんない。
青山　みんなヒントはどこなのか、教えて。Bさんは牛だってわかってるけど、何を言っていいかわからないんだって。Cさん。
児童（C）　ここ（「これは、きつねのしっぽです。」）とここ（「これは、くもざるのしっぽです。」）。
青山　Bさんがわかったみたい。Cさんのヒントがよかったようです。どうぞ。
児童（B）　「これは、うしのしっぽです。」
青山　どうですか。
児童　OK。

―「こたえ」「これは、うしのしっぽです。」と板書―

青山　これでできた。

解説

牛のしっぽの1文目は、教材文では「先の方にふさふさした毛が生えています。」と書かれている。「○○なしっぽです。」という型をとらえること、この後の虫を追い払う役目に適した形状を意識させることを考え、「細くて長い」「細長い」などの児童の答えで進めていった。

One Point

内容は理解しているが文章構成をとらえきれない児童に対し、他の児童がヒントを示して助けることで、クラス全体での理解を目指す。

児童　だめ。
青山　なんでよ。答え書いたよ？
児童　説明が必要。しっぽは何の役目があるのか。
青山　どこに「やくめ」っていう言葉があったかな？
児童　2番（説明の2文目）。
青山　確かに、「やくめ」ってある（「やくめ」に傍線）じゃあ、1番（説明の1文目）はどうする？
児童　どういうことをするか。
青山　1番はどんな説明を書いたらいい？　何からスタートしよう。「しっぽは」？
児童　違う。「うしは」から。
青山　（貼紙を示しながら）ここは「くもざるは」、ここは「きつねは」。じゃあ、「うしは」からだね。牛は何してるんだろう？
児童　虫を追い払ってる。

—「うしは、しっぽで虫をおいはらいます。」と板書。—

児童　「しっぽをふりまわして」は？
青山　それは、先生よりいい文だね。「うしは、しっぽをふりまわして虫をおいはらいます」。次の文は何からスタートしたらいい？
児童　「きつねのしっぽ」だから、「うしのしっぽ」。
青山　みんな「○○のしっぽ」でスタート？　確かにそうなってるね。牛のしっぽは何のような役目？
児童　はえたたき。
青山　はえたたきなんて、よく知ってるね。どうしてわかったの？

—「うしのしっぽは、はえたたき」と板書。—

児童　「うしのしっぽははえたたき」？
児童　最初の絵にある。
児童　「のような」。
児童　そうだよ。あの3つの絵は、「〜のような」の説明なんだよ。
青山　そうか、「のような」も必要だったのか。

—「のようなやくめをしているのです。」と板書。—

青山　ここまで書けた人はおしまいにします。

解説
説明①は「しっぽでどういうことをするか」、説明②は「しっぽの役目の紹介」の文になるという説明の順序性をとらえた。児童たちは、「くちばし」「じどう車くらべ」で身に付いた順序性を、初見の文章でも応用することができている。

One Point
素材文よりも上手に書き表すことができている児童の案に反応し、ほめている。

解説
この後、題名を考えさせた。児童は「〜のようなやくめ」という言葉が繰り返されていることからも、「しっぽ」ではなく、「しっぽのやくめ」であることにせまることができた。題からとらえることなく、文章から何を重点的に説明するのかを読み取ることができた。

V章
「どうぶつの
赤ちゃん」
全時間の授業

第1時 題名やさし絵から動物の赤ちゃんに興味をもつ
―「どうぶつの赤ちゃん」への興味を引き出して課題を提示する―

1 本時の概要

「どうぶつの赤ちゃん」の第1時は、題名から思いつく動物を聞き、動物には多くの種類があることを押さえる。その後、見たことのある動物の赤ちゃんを尋ね、児童の対話的交流をもって関心を高める。また、なぜ筆者はこの2種類を取り上げたのか、疑問をもつ布石とする。

全体を一度音読した後、何の説明が書かれているのかを尋ね、ライオンとしまうまの「赤ちゃん」の説明であることを理解させる。さし絵だけでは読み取れない内容は文章に証拠があることを押さえたうえで、読み取りに入る前に学習の見通しを確認する。

2 本時の学習目標

- 「どうぶつの赤ちゃん」についての興味関心を高めることができる。
- ライオンとしまうまの赤ちゃんについて説明されていることを捉えることができる。
- なぜ筆者はこの事例を取り上げたのかという課題意識をもつ。

1 動物への興味喚起

青山 題を書こう。題のかぎも書いてね。

―〈「どうぶつ〉までを板書。児童はノートに視写―

青山 「どうぶつ」まで書いてもらおう。
児童 の赤ちゃん。
青山 うん。なんだけど、「どうぶつ」まででちょっと1回切って。動物……どんなを動物をぱっと思い浮かべたかな？　好きな動物。

―挙手した児童を指名―

児童 ニホンザル。だって俺と同じく、いたずらするから。
青山 俺と同じくいたずらするから？　なるほど。

解説
まずは児童に思い思いの「動物」を答えさせた。それから、動物の「赤ちゃん」について尋ねた。これにより、児童は動物の成体と、動物の赤ちゃんの両方の姿を想像しやすくなる。成体と赤ちゃんの様子の違いは本教材を読みとるポイント（要素）のひとつである。

―その後、児童が続々と思い付いた動物と、その理由を発言する。児童から挙がった「ニホンザル」「サル」「とら」「ホッキョクグマ」「にわとり」「犬」「ライオン」「カンガルー」を板書―

青山 今これ（黒板の題が）「どうぶつ」なんだけど、動物の……。
児童たち 赤ちゃん。

―題名に〈の赤ちゃん〉と追記し、隣に「ますいみつこ」と板書。児童、ノートに視写―

青山 かぎ閉じ（」）まで書いてね。で、隣の行の下から7ます目に「ますい　みつこ」と書いてください。

―黒板に列挙した動物を吹き出しで囲む―

青山 動物っていっぱいいるけど、何かの動物の赤ちゃんを見たことあるよっていう人いる？

―児童に見たことがある動物の赤ちゃんと、見た場所、どのぐらいの大きさだったかをきく。その後、児童に隣同士で見たことのある動物の赤ちゃんを教え合うように指示（約1分）―

解説
児童が見たことのある動物の赤ちゃんについて意見交換することで、学習への関心を高めた。

= 展開 =

2　内容を確認し、さし絵から考える

―教科書p92〜97まで、1文ずつ交代読みを行う。スクリーンに教科書p92・93を表示―

青山 何の動物の赤ちゃんについての説明していた？

―隣同士で答えを確認し合うように指示―

青山 何の動物の赤ちゃんのお話だった？
児童 1個だけ？
青山 え、1個じゃないの？

第1時　題名やさし絵から動物の赤ちゃんに興味をもつ　151

児童たち　うん。
青山　発表は、1人1つにしてもらおう。Aさん。
児童　ライオン。
青山　ライオンの話？　ライオンの説明だった？
児童　違う。
児童　ライオンの赤ちゃん。
青山　ライオンじゃなく、ライオンの赤ちゃんの話でした。

―まだ児童が半数ほど挙手―

青山　まだ言いたいことがあるの？　Bさん。
児童　しまうまの赤ちゃん。
青山　しまうまの赤ちゃんの話もありましたか？
児童たち　うん。

―教科書のライオンの親子のさし絵をスクリーンに拡大表示―

青山　（スクリーンを示しながら）じゃあ、これ、ライオンっぽいですか、虎っぽいですか？
児童　ライオン！
青山　今ね、ライオンって言わないで、ライオンの何とかって言ってる人がいました。（さし絵を示しながら）この大きいほうとか、小さいほうとか……。Cさん。
児童　大きいほうがライオンのお母さんだと思います。
青山　みんなの知ってるライオンって、普通、こういうのがついてるね（さし絵にたてがみを描くまねをしながら）。こういうのを何て言うんだっけ？
児童たち　たてがみ。
青山　たてがみがついてるのは？
児童たち　オス。
青山　オスってことは、ライオンの？
児童たち　お父さん。
青山　お父さんか。これはついてないけど、猫じゃないし、虎じゃないし、ライオンの？
児童　お母さん。
青山　お母さん。じゃあ、この小さいのは何かな（小さいほうのライオンのさし絵を示しなが

解説
本素材は、動物の「赤ちゃん」についての説明である。本単元の最初の授業ということもあり、「赤ちゃん」の説明であることを、繰り返し丁寧に意識づけた。

解説
ライオンのたてがみの有無での雌雄識別は、知らない子もいると考えられるため、授業内に全員で確認した。

ら）？　Dさん。
児童　ライオンの赤ちゃん。
青山　これが、ライオンの赤ちゃん。

―教科書のしまうまの親子のさし絵を拡大して表示―

青山　これは？
児童　しまうま。
青山　これ、どっちもしまうまなんでしょ（大きいほうと小さいほうのしまうまのさし絵を示しながら）？
児童たち　違う。
青山　この2頭がどう違うのか……説明してもらおう。Eさん。

児童　（前に出て、小さいほうを示しながら）こっちはしまうまの赤ちゃんで、生まれて30分も経たないうちに歩ける。
青山　大きいほうは何？　Fさん。
児童（F）（前に出て説明）こっちはしまうまのお母さん。
児童　いや、わかんないよ。お父さんかもしれない。
児童（F）　しまうまのお母さんかお父さん。
青山　ちょっと待って。最初お母さんって言ってたのに、なんでFさんは言い直したんだろうね。
児童　お母さんってわかるよ。
児童　見た目ではわかんない。
児童　文章でわかるよ。

青山　先生ね、今絵だけ出したでしょ？　これ絵だけじゃないよね、本当はね。絵だけだと、お父さんかお母さんかわからないけど、文に何かヒントがあるのかな。

3 挿絵と文章を合わせて考える

青山　お隣さんと、これがお父さんかお母さんか何かヒントがあったよって話して。

―隣同士で話し合い―

青山　（話し合い中に）今、Gさんが、見つけた言葉があるので線を引いていいですかって。どうぞ、

> **解説**
> ライオンは外見で性別がわかるが、しまうまは外見からは性別を判断することはできない。まずはさし絵だけを見て意見を述べ合った後、児童から出た言葉をもとに、文章を読んで雌雄を識別していった。

鉛筆で引いていいですよ。
児童　全然見当たらないよ。
青山　いいよ、見当たらなかったら（隣の人に）きいてみればいいよ。

―引き続き話し合い。スクリーンには、教科書p94・p95を表示―

青山　お父さんの話が出てきたか、お母さんの話が出てきたか、文と絵を見て考えよう。どっちの説明か、線引いてみました？　聞いてみよう。

―児童ほとんど挙手。指名された児童がスクリーンの「おかあさんにそっくりです」に線を引く―

児童　何で？　「おかあさんにそっくりです」って書いてあるだけで、絵の説明ではないじゃん。
青山　（教科書にあるしまうまのさし絵は）下の文に付けて書いてある絵だから、（文の中に）お父さんもお母さんも説明あったら、こっち（さし絵の大きいしまうまに雌雄）は？
児童　わかんない。
青山　でもここ（文）の中に、お父さんの説明は？
児童たち　ない。
青山　ないから、たぶん大きいのは？
児童たち　お母さん。
青山　と考える人が多いんだね。「おかあさんにそっくりです」っていう言葉に線引いたよっていう人？

―児童半数ほど挙手―

青山　今わかったよっていう人は線引いていいよ。「おかあさん」のところを線引いてください。
児童　まだ（お母さんかお父さんか）わかんない。
青山　そっか、文の中に「おかあさん」っていう言葉は見つかったの？
児童　3つも見っけ！
青山　お母さんって言葉は3回もあった。お父さんって言う言葉は見つかった？
児童　いや、0回。

> **解説**
> 文章では、しまうまのお母さんであることが明示されていないため、「お父さんかお母さんかわからない」と述べる児童がいた。文章では「お父さん」という言葉は一度も出てこないことを確認し、文章に付随したさし絵の大きいしまうまは、お母さんと推測できることを説明した。さし絵と文章を関連づけて読むことを押さえた。

> **解説**
> 絵だけでは推測しかできずにわからなかった内容を、文章を手がかりにすることで明らかにすることができた。文章から証拠を見つけることは、「じどう車くらべ」でも行ってきた。

青山 そしたら、お父さんの説明は文の中にはないってこと？ そこまではいいの？

児童 うん。

青山 では、ノートに書くよ。動物の赤ちゃんってさ、ニホンザルの赤ちゃんでも虎の赤ちゃんでもいろんな赤ちゃんがいるけど、増井さんがここで書いてるのは、1つ目が何？

児童 ライオンの赤ちゃん。

青山 そうだね。

―「①ライオンの赤ちゃん／②」と板書。児童視写―

青山 次は、何？ 先生書かないけど、2つ目の丸の下、何の赤ちゃんの説明？

―答えが見つかった児童は先にノートに書くように指示。机間巡視しながら児童1名指名し、児童は黒板の②の下に「しまうまの赤ちゃん」と板書―

青山 今ね、Hさんに書いてもらったんですが、何の赤ちゃんの話か。

青山 2つ目は？

児童たち しまうまの赤ちゃん。

青山 そう、2つの動物の赤ちゃんの話があったね。これは先生の本なんだけどさ、いろいろここに……。

―複数の動物図鑑を見せ、様々な動物を児童と確認―

青山 こんなに動物の種類があって、いろんな赤ちゃんがいるのに、何でこの2つなんだろう？ 増井さんもっとたくさん書けばいいのにね。これからこの説明文を読んで、何でこの2つの動物なのか、考えましょう。

> **解説**
> なぜライオンとしまうまを選択して説明したのか。児童が念頭に置いて読み取りを進められるよう、本単元で課題となる疑問を投げかけた。

第2時 文章全体の構成を捉える
―「ライオンの赤ちゃん」「しまうまの赤ちゃん」「問い」の説明を分ける―

1 本時の概要

　第2時では、まず文章のまとまり（意味段落）やこの後の比較を捉えやすくするために文章全体が書かれたプリントを使い、「段落」（形式段落）について知る。

　その後、プリントをもとに、ライオンの赤ちゃんの説明と、しまうまの赤ちゃんの説明、「問い」の三つの意味段落に分ける。そして「問い」が2文あることを確認し、ノートに写す。

2 本時の学習目標

- 「段落」を理解し、正しく段落分けすることができる。
- 「ライオンの赤ちゃん」の説明、「しまうまの赤ちゃん」の説明、「問い」が書かれたまとまり（意味段落）に分けることができる。
- 「問い」の内容を読み取ることができる。

導入

1 前時の振り返りと、「段落」の説明

青山 今日は教科書ではなくて、教科書と同じ文章をプリントにしたものを配ります。

―文章全体を1枚におさめたプリントを配布。同内容で拡大した貼物を黒板に掲示―

青山 プリントは手元にいきましたか？ 1から7まで番号ふっておきました。詩のときは、まとまりのこと何て言った？
児童 連。
青山 そう。だけど、これは、説明してる文なので「段落」って言います。

―「だんらく」と板書―

> **解説**
> 「どうぶつの赤ちゃん」は、ライオンとしまうまの赤ちゃんをしながら、特徴を読み取る。しかし、教科書の該当ページを行ったり来たりさせながら読むことは難しいため、文章全体を見渡せるように2段組にしたプリントを用意した。

青山 「1段落」とか「2段落」と数えます。
児童 落ちるってこと？
青山 そうそう。いちばん上が1ます空いているんだ

けど、教科書で確かめてみて。プリントで「1」って書いてあるところ、教科書は1ます空いてる？
児童　空いてる。
青山　「2」って書いてあるところも、1ます空いてる？
児童　空いてる。
青山　今日からはこっちのプリントで勉強します。
児童　ノートに貼る？
青山　まだ今日は貼りません。左下に名前を書きましょう。

―児童、渡されたプリントに名前を書く。机間巡視―

青山　では、プリントのほうを読みます。何段落までありますか？
児童　7。
青山　7段落まであったから、読みたい人、7人当てます。

―児童挙手。指名後、順に音読―

青山　上手に読めました。ちゃんと音読、頑張ってたんだなあと思いました。
児童　何でライオンとしまうまなの？
青山　それを最後にみんなで考えてみよう。何で増井さんは今回この2種類を選んだんだろうね？

> **解説**
> 「どうぶつの赤ちゃん」では、各段落の冒頭の文が「ライオンの赤ちゃんは」「しまうまの赤ちゃんは」で始まり、それが3段落ずつある。だから、「○○で始まる文に説明が書いてあるよ」といったアドバイスをかけても、どの文なのかわからなくなることが多い。そこで1年生には難しいように思えるが、「段落」という用語を教えることで、根拠となる叙述の段落などをスムーズに見つけることができる。

> **One Point**
> ノートに貼りつけると、書き込みにくくなるので、貼るのはある程度書き込みが済んでからがよい。児童がプリントをなくさないように、記名の指導は必須。

― 展開 ―

2　段落ごとの構成をとらえる

青山　ライオンの赤ちゃんとしまうまの赤ちゃんの説明を読んでいくね。この前、授業が終わったら、「先生、繰り返し使われている言葉があります」と言ってた人がいるの。Aさん、出てきて指で押さえてみて。

―児童、前に出て貼物の「ライオンの赤ちゃんは」の部分3か所を指さす―

青山　（貼物を確認しながら）「ライオンの赤ちゃんは」。

確かに3つある。「ライオンの赤ちゃん」を緑
　　　で線を引こう。

―貼物の「ライオンの赤ちゃんは」3か所に緑で線
　を引く。児童も、自分のプリントに同じように作
　業。児童へは、緑だけでなくオレンジや青の色鉛
　筆も準備するよう指示―

青山　ここの2、3、4の段落のところが、何の説明かっ
　　　ていうと？
児童　ライオンの赤ちゃん。

―貼物の2〜4段落を緑で囲み、「ライオンの赤ちゃ
　ん」と書く。児童も同作業―

青山　みんないい字で書けてるね。すばらしい。そし
　　　たら、さっき「繰り返しが3つある」って言っ
　　　たときに、「3つ繰り返しているところが他にも
　　　あるよ」って言ってた人がいた。3つ繰り返し
　　　ているところが他にもあったよっていう人？

解説
児童の気づきの発言から、「ライオンの赤ちゃん」と書かれた部分を見つけ、その言葉がある段落を「ライオンの赤ちゃん」の説明部分として囲むことができた。この主語連鎖は、説明文を読む上での基本となる。

―指名された児童が前に出て、貼物の「しまうまの
　赤ちゃんは（が）」3か所を指さす―

青山　じゃあ、ここに線引いていい？

―貼物の「しまうまの赤ちゃんは（が）」3か所に
　オレンジで線を引く。児童もプリントに同作業―

―ライオンと同様に、貼物の5〜7段落をオレン
　ジで囲み、「しまうまの赤ちゃん」と書く。児童
　も同作業―

青山　箱に入れてもらえない仲間外れの段落があるね。
児童　1段落。
青山　その仲間外れの1段落、音読して？

―児童音読「どうぶつの赤ちゃんは、〜でしょう。」―

青山　この1段落、ライオンの赤ちゃんでもないし、しまうまの赤ちゃんにも入れられない。
児童　いや、どっちでも入れられるよ。これは、生まれたばかりのとき、どんな様子かの話をしているから、どっちにも入れていい。
青山　今のことわかったよ、っていう人？

―数人挙手―

青山　もう1回同じこと他の人にも説明してほしいな。もう1回説明できるよ、っていう人？　Bさん。
児童　「どうぶつの赤ちゃんは、生まれたばかりときは、どんなようすをしているのでしょう。」って書かれていて、その後にライオンの赤ちゃんとか、しまうまの赤ちゃんとかの生まれたばかりのときの様子が書いてあるから、どちらにも入れていい。
青山　今のわかったっていう人？

―さっきより数名多く挙手―

青山　今、実はすごく難しいこと言ってたの。だから、みんなこれがわかったら、すごいな。
児童　「動物の赤ちゃん」だから、「ライオンの赤ちゃん」でも「しまうまの赤ちゃん」でも、どっちでも同じ。
児童　うん、そういうことだ。
青山　そういうことが言いたいのか。最初に、先生が「3色用意して」って言ったときに、「前の『くちばし』でもやったよ」って言ってる人がいた。
児童　青が答え、緑が最後の説明、赤が問い。
青山　問いとか答えって前に勉強したね。これは「くちばし」ではないけど……。

―「じどう車くらべ」のときに使用した貼物を掲示―

児童　「じどう車くらべ」でもあった！
青山　これを読んで、さんはい。

―児童音読「どんなしごとをしていますか」「どんなつくりになっていますか」―

> **解説**
> 「1段落はライオンの赤ちゃんにも、しまうまの赤ちゃんにも入れられない」という発言に対し、児童から「どっちにも入れられる」という意見が出た。「どっちにも入れられない」という意図は「問いの段落だから」ということを捉えさせるためだった。これに対し、「どちらの問いでもあるから、どっちにも入る」と〔答え〕との関係で考えることができる児童が予想以上に多くいた。ただし、この段階では、まだうまく説明することまではできなかった。児童の意見の意図を全員で考えることで、1段落の解釈を広げる契機になった。

> **解説**
> 既習事項と結びつけるために、「くちばし」でも文章を色分けしていったことをヒントにした。児童の発言を取り上げているという形で述べた。

青山 こういう文のこと何て言ったっけ？
児童 問い！
青山 そうだね「お尋ねの文」「問い」って言ったよね。今回問いはあるかな。
児童 ない。
児童 ある。
青山 今「ない」と「ある」両方出たよ？　問いの文があるのかないのか、あったらどれなのか。隣の人と聞こえる声で話し合います、はい、スタート。

―隣同士で話し合い（約１分）―

青山 問いの文、あるかないか、どっちだろう。問いの文あったよっていう人？

―ほとんど挙手―

青山 これが問いの文じゃないかなって思っていますという人？　指でさしてもらおうね。どこにあるのかなあ。
児童 （前に出て指で示しながら）どうぶつの赤ちゃんは、生まれたばかりのときは、どんな様子をしているのでしょう。そして、どのようにして、大きくなっていくのでしょう。
青山 これと同じところを問いの文だと思ってた人？

―半分程度挙手―

青山 問いの文だってわかる、証拠の言葉はあった？
児童 あった。
青山 証拠を教えて？　Ｃさん。
児童 （前に出て指で示しながら）「でしょう」。
青山 「いますか」とか「ですか」もあったけど、「どんな様子をしているのでしょう」もお尋ね。今まで問いの文は赤で印をつけてきたから、今回も赤で線を引いていこう。「じどう車くらべ」も確か問いの文が２つあったよね。ここは「とい①」。

解説
「問い」を思い出すために、既習事項の「じどう車くらべ」の貼紙を使用した。

OnePoint
「証拠の言葉」を使って説明させることで、意見に説得力をもたせようとしている。

160　Ⅴ章　「どうぶつの赤ちゃん」全時間の授業

―貼紙の「どうぶつの赤ちゃんは、生まれたばかりのときは、どんなようすをしているのでしょう。」に赤で線を引き、「とい①」と記入―

青山 「そして」は抜かしておくね。「どのようにして、大きくなっていくのでしょう。」は「とい②」。

―貼紙の「どのようにして、大きくなっていくのでしょう。」に赤で線を引き、「とい②」と記入―

青山 「じどう車くらべ」でも問いが２つでした。今回も２つです。

―２つの問い「どうぶつの赤ちゃんは、生まれたばかりのときは、どんなようすをしているのでしょう。」、「どのようにして、大きくなっていくのでしょう。」の貼物を掲示―

青山 ２つ問いがあった。じゃあ、問いの段落を赤にして囲もう。

―１段落を赤で囲む―

青山 問いの文をノートに書こう。先生と同じくらいのペースで書けるといいね。書けたら終わりです。

―「とい①」「とい②」と問い①・②の文を板書し、それぞれを赤で囲む。児童はノートに視写―

> **One Point**
> 以前の授業で、文末の「でしょう」「ですか」などがお尋ねの文の特徴であることを学習している。児童は、これまでの学習をもとに「証拠の言葉」を見つけ出した。

> **One Point**
> これまでも「問い」の貼物は作成していたが、今回もその都度確認できるように作成した。

第3時 共通する言葉を捉え、比較の観点をつくる
―〈ライオン〉と〈しまうま〉の赤ちゃんの説明で共通している言葉を探す―

1 本時の概要

　第3時では、まず振り返りとして段落の確認や「ライオンの赤ちゃん」「しまうまの赤ちゃん」「問い」の囲みの確認を行う。

　その後、〈ライオン〉の赤ちゃんの説明と〈しまうま〉の赤ちゃんの説明から、なるべく長く共通している言葉を探す活動をする。この共通部分を比較の観点として、両者の赤ちゃんの特徴の比較を行っていく。

2 本時の学習目標

- 〈ライオン〉の赤ちゃんの説明と、〈しまうま〉の赤ちゃんの説明に共通している言葉を探すことができる。
- 比較の観点をもとに、〈ライオン〉の赤ちゃんと〈しまうま〉の赤ちゃんの特徴が異なっている部分を見つけて比べることができる。

1 前時の振り返り

―前時使用した文章全体が書かれた貼物と、比較表（ワークシート）の貼物を掲示―

青山　（貼物を示しながら）このまとまりを何と言うんでしたっけ？　1連じゃなくて1……。
児童　段落。
青山　そう。段落っていうまとまりだったね。全部でいくつの段落がありましたか？　指で出せるかな？　準備はいいですか。いっせーの、どん！

―児童、7本の指を立てる―

青山　いくつかな。確かめるよ。（貼物を指さしながら）1段落、次が2段落。
児童たち　（指さしに対応しながら）3段落、4段落、5段落、6段落、7段落。
青山　ね、7段落までありました。

> **OnePoint**
> インフルエンザで欠席者が多かったため、これまでの学習を丁寧に振り返る。

―その後、指名された児童が1段落を音読―

青山 （貼物の1段落目を示しながら）Aさん、何でここ赤でぐるぐるぐるしているのか、説明してもらえますか。
児童 （前に出て説明）「どんなようすをしているのでしょう」だから、問い。
青山 問いがあるところを赤でぐるぐるぐるしました。問い、これだけでいいんだよね？
児童 ううん、もう1つある。
青山 問い1つじゃないの、これ？　Bさん。
児童 もう1つが、「そして、どのようにして大きくなっていくのでしょう」。

―貼物に「とい①」「とい②」を記入。2つの問いの貼物を掲示。その後、2〜7段落目までを音読―

青山 （前時に）「長いまとまりの繰り返しがあります」と、最初気がついたの誰だったかな。（貼物の）緑だけ読むね。さんはい。

―児童、貼物の緑で線を引いた部分である、文章に3か所ある「ライオンの赤ちゃんは」を音読―

児童 全部の段落の最初に「ライオンの赤ちゃんは」ってついてる。
青山 みんなは、ぐるぐるぐるって緑で囲んで「ライオンの赤ちゃん」の箱を作りました。

―「しまうまの赤ちゃん」「問い」についても復習―

> **解説**
> 第1時の音読では「七日」を「なな にち」と読むなどしていたが、まだたどたどしいものの、読み間違えることなく読めるようになってきた。

展開

2 共通の言葉から比較の観点を作る

青山 （小声で）そしたら、Cさんが、「先生、だったら……（ジェスチャーで上部分と下部分を表す）。同じ言葉が長い言葉であります」って。
青山 「は」や「です」だったら山ほどあるじゃない？　Cさんは、上と下で同じ言葉があるって言ってた。本当？
児童 わかった！

> **解説**
> 「は」や「です」では意味がない。なるべく長い言葉で同じ言葉はないかを問いかけた。文章全体を1枚にまとめたプリントで簡単に探すことができる。

第3時　共通する言葉を捉え、比較の観点をつくる　163

青山　Cさんね、その前に上と下じゃないの言おうとしたから先に言ってもらおう。
児童（C）　（前に出て説明）赤ちゃん、赤ちゃん、赤ちゃん……。そして、題にある「赤ちゃん」。
青山　題も、動物の説明じゃなくて、動物の……。
児童　赤ちゃん。
青山　そうだね。これ、赤ちゃんについての説明だったから、赤ちゃんっていう言葉いっぱいありました。全部（の段落に）あったね。Dさんが言いたい上と下にある同じ言葉のうち、1か所だけ指さして。どことどこに同じのがあった？

> **One Point**
> 上と下で共通する言葉を探す課題ではあるが、まずは児童の意見を尊重して、どの段落にも入っている言葉を見つけた。

―児童、前に出て「おかあさんに」を示す。貼紙の「おかあさん」部分に青線を引く―

青山　もっと長いまとまりで、上と下で同じ言葉が……。Eさん、指さしてもらってもいい？

―児童、前に出て「生まれたとき」を示す。貼紙の「生まれたとき」部分に青線を引く―

青山　Eさんは最初ね、「生まれたとき」と、もう1つ実はさしてたの。「生まれたとき」にね、くっついていたのがあって……。Fさん。

―児童、前に出て「大きさ」を示す。貼紙の「大きさ」部分に青線を引く―

青山　（貼紙上部分を示しながら）「の赤ちゃんは」「生まれたとき」「大きさ」。（下部分を示しながら）「の赤ちゃんは」「生まれたとき」「大きさ」。確かに上にも下にも……。
児童　ある。
児童　先生、それならさ。
青山　Gさん、なになになに？
児童　「ぐらいの」も入れたほうがいい。
青山　ほんとだ。確かに言う通り（線を引く）。
児童（H）　先生、「目」と「耳」も。
青山　今、Hさんが言ったことがわかった人？　隣の人と、「目」と「耳」ってどこって？

―隣同士で話し合い（約10秒）。その後、指名された児童が貼物にある「目」と「耳」を示す。貼紙の「目」「耳」部分に青線を引く―

青山　ありがとう。Eさんね、まだ長いところさっき指さしてたの。出てきてさしてみて。

―児童（E）、「たべるようになります」を示す。貼紙の同部分に青線を引く―

青山　確かに「たべるようになります」。さっきのGさんのを使うと、もう少し線引けるとこない？ ちょっと離れるけどどんな言葉が入ってた？
児童　「じぶんで」。
青山　同じところに気づいた？　どこに「じぶんで」あったかな。Gさんがヒントになったね。

―これまでの線を引いた部分を、児童のプリントにも引くよう促す―

青山　（文章には）「赤ちゃん」いっぱい出てきちゃうよね。「おかあさん」だっていっぱい出てきちゃう。（いっぱい出てくると）上と下で比べっこするの大変じゃない？　比べっこできそうなところはあるかな。
児童　Gさんの利用できたらいい。
青山　Gさんの考え方使ったら、もっと長くさせます。言ってること分かったよって人？　Iさん出ておいで。

―児童、「おちちだけのんで」を示す。同部分に青線―

青山　ちょっと私、大変なことに気がつきました。今まで、問いがあったら、答えがあるって勉強してきたでしょ？　1つ目の問い。読んで。

―児童音読「生まれたばかりのときは、どんなようすをしているのでしょう」―

青山　生まれたばかりの様子。「の赤ちゃんは」「生まれたときは」「ぐらいの大きさ」。「の赤ちゃんは」「生まれたときは」「ぐらいの大きさ」。なあんだ、一緒じゃない。ライオンの赤ちゃんもしまうまの赤ちゃんも一緒じゃないの。
児童　違うの。そういうことじゃないの。
青山　一体どういうことか……。（上にも下にも）「大きさ」「大きさ」って書いてある。違いはないね。

解説
Gさんは、「大きさ」に「ぐらいの」を付け加えたら、もっと長くなると発言した。さらにここでは、「じぶんで〜たべるようになります」と、間に別な言葉を挟むが共通している言葉、というものを見つけている。「Gさんのヒント」と、児童の名前を強調し、児童のアイディアでここまでできたことを伝えた。

解説
「Gさんのアイディア」が浸透し、他の児童が考えるきっかけとなっている。

解説
線を引いた部分は共通する言葉であるが、だからといって2つの赤ちゃんに違いがないわけではない。そのことを押さえたうえで、共通する言葉を比較の観点として、それぞれの赤ちゃんの特徴を読み取ることを狙って発問をした。

第3時　共通する言葉を捉え、比較の観点をつくる　165

児童　ある！　大事な場所がある！
児童　（前に出て説明）ここに、子ねことかやぎとか書いてあるから、大きさは違う。
青山　生まれたばかりのとき、ライオンの赤ちゃんの大きさは？
児童　子ねこぐらい。
青山　しまうまの赤ちゃんは？
児童　やぎぐらいの大きさ。だから違う。
青山　そうか、わかった。線だけ引いてるとわかんなくなっちゃうから、プリントに書いていこう。

—3段に分かれた表（ワークシート）を配布—

青山　先生も同じ、「でかでかプリント」を用意しました。今のプリントを見ながらやるからね。出席番号と名前を書いて、合図ください。（準備ができたら）先生は、みんなからわかるように緑で書きます。上の箱、ライオンの赤ちゃん。

—表の貼物を使用。2段目の右端に緑で「ライオンの赤ちゃん」と書き、2段目全体を囲む。その後、3段目の右端にオレンジで「しまうまの赤ちゃん」と書き、3段目全体を囲む—

青山　みんなのプリントと同じように、いちばん上はあけておくね。
児童　何で？
児童　答え？
青山　そう、答えを書こうと思ってね。見てもらおう。

—作業中の児童が顔を上げる—

青山　（問いの貼紙を示しながら）「どんな様子」っていう答えの、「大きさ」が今わかったよね。

—問い①貼紙の「どんなようす」に赤で波線をひき、隣に「大きさ」と書く—

青山　まず1つ目。先生赤で書いておこう。

—比較表の、1段目の右端を開けて、その横に赤で「大きさ」と記入—

青山　ライオンの赤ちゃんの大きさは？

解説

比較がわかりやすくなるように、表を用いた。3段に分け、1段目は比較の観点、2段目はライオンの赤ちゃんの特徴、3段目はしまうまの赤ちゃんの特徴とした。緑、オレンジで囲むことで、全文プリントと対応していることを視覚化し、それぞれの動物の特徴であることを強調させている。

児童　子ねこぐらい。

―比較表に「大きさ」と書いた列の2段目（ライオンの赤ちゃんの行）に「子ねこぐらい」と記入―

青山　しまうまの赤ちゃんの大きさは？
児童　やぎぐらい。

―比較表に「大きさ」と書いた列の3段目（しまうまの赤ちゃんの行）に「やぎぐらい」と記入―

青山　生まれたばかりの様子はわかったね。大きさだからわかった。
児童　大きさだけじゃだめかも。
青山　えっ。大きさ以外の生まれたばかりの様子もある？　そこから明日やろう。

―プリントを忘れてこないよう促し、授業を終える―

> **解説**
> 表の列を増やし、それぞれの観点ごとに両者の赤ちゃんの特徴を記入していく。

●子どもの作品
●「全文プリント」

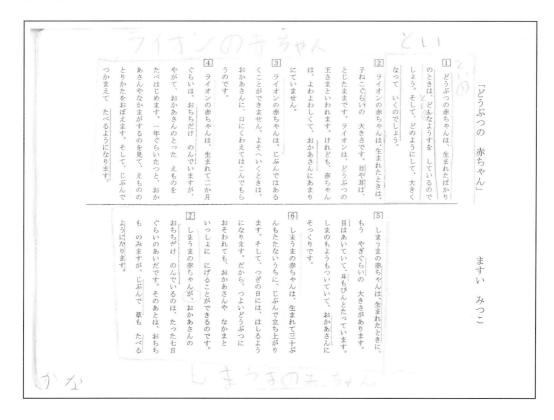

第3時　共通する言葉を捉え、比較の観点をつくる

第4時 比較して違いを考える
―観点に沿って比較読みし、二つの赤ちゃんの違いを考える―

1 本時の概要

　第4時は、2つの問いを確認するところから始める。その後、前回の続きとして、2段落と5段落を比較し、生まれたばかりのときはどのような様子かという問い①の答えを確認する。

　続いて3段落と6段落を比較して、〈ライオン〉と〈しまうま〉の赤ちゃんが大きくなっていく様子を捉える。そして、〈ライオン〉の赤ちゃんの問い①の答えを再確認する中で、「生まれたばかりのときの様子」と「大きくなっていく様子」を対比して考える。

2 本時の学習目標

- 「生まれたばかりのときの様子」「大きくなっていく様子」を比較しながら捉えることができる。
- 時間を表す言葉に注目して、変化を読み取ることができる。
- 〈ライオン〉の赤ちゃんの「様子」を比較して思考することができる。

1 「生まれたばかりのときの様子」の比較

―前時からの文章全体が書かれた貼物、比較の表の貼物を掲示。まず「問い」がある1段落を音読―

青山　問いの1段落はそこまでだったね。「どのようにして大きくなっていくのでしょう」と……。

児童　「生まれたばかりのときは、どんなようすをしているのでしょう」。

―問いの貼物2つを黒板に掲示。児童と確認しながら貼物の隣に「とい①」「とい②」と赤で板書―

青山　どの段落にも出てくる言葉あったよね？
児童　赤ちゃん。
青山　そう。問い①の最初は「どうぶつの」……。
児童たち　「赤ちゃんは、生まれたばかりのときは、どんなようすをしているのでしょう」。

> **解説**
> 前時の学習の確認として、本教材の問いを音読させた。問いの部分以外も続けて読もうとする児童もいたが、教師の指摘無しに児童同士で間違いを指摘し合うことができた。

―問い①貼物の隣に「どうぶつの赤ちゃんは、」掲示―

青山 で、(答えが) わかりました。昨日、(「大きさ」で) 勉強したね。
児童 もう1個ある。
青山 え、「ライオンの赤ちゃんは、生まれたときは、子ねこぐらいの大きさです。」って見つけたよね。それから、しまうまの赤ちゃんが……。
児童 やぎぐらい。
青山 やぎぐらいの大きさです。生まれたばかりのときの様子、わかりました。
児童 まだある。それはそうだけど、もう1個ある。
青山 生まれたばかりのときの様子、まだあった？

―児童、7名ほど挙手。1名指名―

児童 「目や耳は、とじたままです。」
青山 それは、どっちが目や耳が閉じたまま？
児童 ライオン。
青山 しまうまも一緒じゃないの？
児童 しまうまは違うよ。

> **解説**
> 文章だけでは想像しづらいため、目や耳が閉じているとはどういうことかをさし絵で確認して、理解を助けた。

―教科書 p93 さし絵で、ライオンの赤ちゃんの目と耳の様子を確認。また、p95 さし絵で、しまうまの赤ちゃんの目と耳の様子を確かめる―

児童 文章にもある。
青山 ライオンの赤ちゃんのほう、証拠はある？

―指名された児童が、貼物の「目や耳はとじたままです」を指さす。「とじたまま」を黄色で囲む―

青山 しまうまも証拠ある？
児童 あるよ！

―指名された児童が、貼物の「目はあいていて、耳もぴんとたっています」を指さす。「あいていて」「ぴんとたっている」を黄色で囲む―

青山 絵だけじゃなくて、文にも証拠が？

第4時　比較して違いを考える　169

児童　あった。
青山　これは「生まれたときの様子」の答えでいい？
児童　うん。

―表の1段目に赤で「目」、次の列に「耳」と記入。2段目に、2列をまとめて黒で「とじたまま」と書く。3段目には、「あいている」「ぴんとたっている」を書く―

―文章全体の貼物にある「子ねこぐらい」「やぎぐらい」も黄色で囲む―

児童　まだある。
青山　様子でしょ？　大きさと目、耳が出たでしょ？

―問い①の貼物の「ようす」に赤波線を引き、横に「大きさ・目・耳」と板書―

児童　「ライオンの赤ちゃんは、おかあさんにあまりにていません」。

―貼物の「あまりにていません」を黄色で囲む―

児童　しまうまの赤ちゃんは、おか……。
青山　ちょっと待って。Aさんが言いそうになったんだけど、Aさん言いたいことわかった人？

―児童半数ほど挙手し、児童（A）が指名―

児童（B）　「おかあさんにそっくりです」。
児童（A）　ライオンはあまり似ていませんけど、しまうまの赤ちゃんはそっくりだから、違う。
青山　だから2つは違う、までを言いたかったのね。

―貼物の「そっくりです」を黄色で囲む―

青山　生まればかりの様子に「おかあさんに」というのがあるのね。書いておこう。

―表の1段目、「耳」の隣に赤で「おかあさんに」を記入。2段目に「あまりにていない」、3段目に「そっくり」を黒で書く。問い①貼物の「ようす」の横に「おかあさん」を追記―

One Point

児童を教師役と生徒役に割り当てて内容を確認した。自分の言いたいことを説明する「話す力」と、相手の言いたいことを理解する「聞く力」の両方が必要とされる。2人のやり取りを聞いて理解していくため、他の児童たちの集中も高まる。

170　V章　「どうぶつの赤ちゃん」全時間の授業

展開

2 「大きくなっていく様子」の比較

児童（C） 他にも違うところがある。ライオンは自分では歩くことができないけれど、しまうまは次の日に走るようになります。
児童 しまうまがちょっとだけ違う。
青山 ちょっと違う？。Dさん。
児童 よそへ行くときはお母さんの口にくわえて運んでもらうけど、しまうまの赤ちゃんは、生まれて30分も経たないうちに自分で立ち上がる。
青山 自分では歩くことができないのは、どっち？
児童 ライオンの赤ちゃん。
青山 しまうまの赤ちゃんは？
児童 自分で立ち上がる。
青山 Cさんが言った、走る前の話なんだね。

―貼物の「じぶんではあるくことができません」を黄色で囲む―

青山 ねえ、この授業、日直さんが礼、始めますって言ったじゃない？ 始めてから30分くらい。
児童 いや、今25分だよ。
青山 でしょ？ 30分も「経たないうちに」だから。礼って言ったときに生まれた赤ちゃん、もう自分で立ち上がっちゃった。

> **解説**
> 時間的推移に注目して、変化を読み取りたい。授業時間を例に挙げて、しまうまの赤ちゃんの成長速度がどれほど速いのかを実感させる助けとした。

―貼物の「じぶんで立ち上がります」を黄色囲む。また、「生まれて三十ぷんもたたないうちに」「つぎの日」「はしるようになります」を水色で囲む―

青山 じゃあね、これって、生まれたばかりの様子かな？ 次の日の話まで行っちゃったね。
児童 問い②の答え！
青山 生まれたばかりの様子ではなくなりましたね。これ（ライオン）歩く話でしょ？ これ（しまうま）は、立つ話でしょ？ で、次の日？
児童 走っちゃう。
青山 走る話でしょ？ こういうのまとめて何て言お

第4時 比較して違いを考える 171

　　　　う？　立つとか、歩くとか、立ち上がるとか。
児童　体の様子。
青山　そうだね、様子だとここ（問い）にあるから、これ全部様子になっちゃうじゃない。
児童　動く様子。
青山　動く様子。じゃあ、動く……動きってわかる？
児童　うん。

―表の1段目、「おかあさん」の横に赤で「うごき」を記入。2段目に「じぶんであるけない」、3段目に「三十ぷんもたたないうちにじぶんでたち上がる」「つぎの日はしる」を書く―

―表の「大きさ」「目」「耳」「おかあさんに」項目を1つにくくり、「うごき」との間に区切り線を引く。2つの問いの貼物を、表の「答え」が書かれた部分に合わせる。表の答え①部分に「こたえ①」と記述―

青山　じゃあ、青山先生が問いを言うので、問い①の答えを読めるかな。今から質問します。

―児童が聞き入る態勢になる―

青山　ライオンの赤ちゃんは、生まれたばかりのときは、どんな様子をしているのでしょう？　答えが書いてあるところを読んでみてください。

―児童ら、2段落「ライオンの赤ちゃんは、～とじたままです。」まで音読した後、次の文で中断―

児童たち　違う。
青山　どこでストップすればよかった？
児童　「とじたままです」。
青山　Eさんは違うって。何が言いたかった？
児童　「おかあさんにあまりにていません」。
青山　お母さんに似てるか似てないかまで？
児童　だけど先生、「ライオンは、どうぶつの王さまといわれます。」は抜かしてから……。
青山　これを抜かせばよかった？
児童たち　うん。

> **One Point**
> 「立つ」や「歩く」などをまとめた言葉（上位語）を考えさせている。語彙の充実へとつなげる。

> **解説**
> 「三十ぷんもたたないうちに」「つぎの日」という時間を表す言葉は、視覚化しやすいように、青で色分けして記述した。

> **解説**
> ここで初めて掲示している表に区切り線を入れた。「生まれたばかりのときの様子」と「大きくなっていく様子」が対比的に説明されていることを視覚化させる。

> **One Point**
> 「質問します」と言うと、子どもたちがすぐに聞き入る体制に入ったことや、教室の空気が一瞬にして引き締まったように思う。1年生も後期に入ってからは、一度しか話をしないことを心がける。教師がむやみに復唱しないことで、子どもたちに聞く力が育つ。きちんと聞いている子どもを褒め、その子に復唱させ、聞きもらした子どもへの対応をする。

青山　じゃあ、「赤ちゃんは」からいきます。

―児童音読「赤ちゃんは、よわよわ〜にていません。」―

児童（F）　飛ばさないほうがいい。
青山　Fさんは、ライオンが強い、動物の王様と言われるっていう文を読んだほうが、よくわかるっていうことだね。
児童（F）　うん。
児童（G）　言われてるけど、弱いってこと。
青山　何？　たぶんGさんが言いたいことを、Hさん、出てきて言ってね。
児童　何で「ライオンは、どうぶつの王さまといわれます。」を入れたほうがいいかは、ライオンは動物の王様と言われているけど、赤ちゃんは弱い。
青山　ライオンは動物の王様と言われてるぐらい……。
児童　強い。
青山　けど、赤ちゃんは？　子ねこぐらいで目と耳も閉じてて、お母さんに全然似ていないのをまとめて……。
児童たち　弱々しい。
青山　弱々しいって書いてあったのか。よく見つけたね。

―表の2行目、ライオンの赤ちゃんの答え①をまとめて「よわよわしい」と記入―

青山　しまうまはどう？　何だか？
児童　強そう。
青山　ライオンと比べてみると、なんだか全然？
児童たち　違う。
青山　比べてみると、違いがわかるのか。なるほど。

> **解説**
> 「飛ばして読んだほうがよい」という意見が先に出るなかで、「飛ばさないで読んだほうがよい」と、理由とともに意見を述べる児童がいた。成体と赤ちゃんとが対比されていることに気づいた児童の考えをくみ取り、ライオンは、大人は王様だが、赤ちゃんは弱々しいという、まとめの言葉を引き出した。

> **解説**
> ライオンは動物の王様で強いが、赤ちゃんは弱い。これは、第1時で投げかけた「なぜこの2種類の動物だけを取り上げたのか」という疑問を解決するための重要なポイントである。授業内で、しっかりと取り上げた。

第4時　比較して違いを考える　173

第5時 取り上げた事例の関連性を捉える
―なぜライオンの赤ちゃんとしまうまの赤ちゃんなのかを考える―

1 本時の概要

　第5時では、まず前時の復習として、表で比較したライオンの赤ちゃんととしまうまの赤ちゃんの「生まれたばかりの様子」や「動きの成長」を振り返る。それに引き続いて「食べることの成長」を数値に気をつけながら比較し、表をまとめ上げる。
　その後、筆者が「どうぶつの赤ちゃん」の説明として数ある動物の中からライオンとしまうまの赤ちゃんを取り上げた理由を考える。最後に、次時の内容としてカンガルーの文章に触れる。

2 本時の学習目標

- ライオンの赤ちゃんとしまうまの赤ちゃんの、各観点ごとの比較をまとめ上げることができる。
- 文章で取り上げられた2つの動物の関連性を考えることができる。

1　前時の振り返り

―文章全体が書かれた貼物、比較表の貼物、問い①・②の貼物を掲示。まず、段落ごとに1人ずつ音読。最後の段落は全員で音読した―

青山　(問い①の貼物を示して)これは何でしたか?
児童　問い①。
青山　問い①の答えはどこに書いてあった?　Aさん。
児童　(前に出て、表の初めの4行を示しながら)こからここまで。
青山　(観点の名前を)ゆっくり言うと?
児童　大きさ、目、耳、お母さんに似ているかどうか。
青山　動きも生まれたばかりの様子なんじゃない?
児童　でも、しまうまの赤ちゃんは違う。次の日のことになっちゃうから。
青山　生まれたばかりのときの話ではないね。動きとは違うんじゃないかって言ってたんだよね。

解説
「動き」は生まれたばかりの頃から、その後まで説明が書かれているので問い②の答えであることを確認した。

展開

2 比較表を完成させる

青山 （問い②の貼物を示して）次の問いは何？
児童 それ（「動き」）が問い②の答えだよね。
青山 じゃあ、もう問い②の答えあったから、おしまい。
児童 動きだけじゃなくて、もっとあると思う。
青山 （文章全体の貼紙を示しながら）今見つけたところまでが黄色だよね。まだ答えがあるって、どこにあるかな。相談どうぞ。

―隣同士で話し合い（約1分）。比較表の「動き」の隣に「こたえ②」と記入―

青山 答え②がありそうっていう段落の番号、指で示して挙げてください。せーの。

―児童ほぼ「4」を示す。別の番号を挙げる児童も―

青山 そうですか。じゃあ、4段落だね。（児童がぼそぼそ話しているのを見て）なになに、何だって？
児童（B） 4と7。
青山 4と7だって。Bさんの言いたいことがわかる？
児童 （前に出て説明）たぶん、「おちちだけのんで」いる期間。ライオンの赤ちゃんは生まれて2か月ぐらいはお乳を飲んでいるけど、しまうまの赤ちゃんはお乳を飲んでいるのはたった7日ぐらい。
青山 「おちちだけのんで」のところが、「どのように大きくなっていくか」についてライオンとしまうま違ってたよっていうところ。じゃあ、この前みたいに黄色で囲むとしたら、どこ？

―比較表の答え②の隣に区切り線を引く。その隣に「おちちだけ」の観点を赤で記入―

青山 ライオンの赤ちゃん、おちちだけはどのくらいだった？　どこに書いてあるかな。

解説
まず4段落にライオンの赤ちゃんの食事の記述があるので、しまうまの赤ちゃんの食事が書かれた7段落に児童が反応するのは難しい。ここでは、数少ない反応を示した児童の発言を取り上げて7段落にも注目させた。

解説
ライオンの説明としまうまの説明で共通する語句は青で印をつけている。相違点は黄色で囲んでいる。

―児童、ライオンがお乳を飲んでいる期間を黄色で囲む。その後、指名された児童が貼紙の「（生まれて）二か月ぐらい」を黄色で囲む―

青山 ライオンの赤ちゃんはお乳だけ飲んでるのが、2か月ぐらい。「生まれて」も書いてもいいけど、「二か月」は絶対必要ね。

―比較表の「おちちだけ」の下、2段目に「二か月ぐらい」と記入―

児童 じゃあ、しまうまは？
青山 それが、Bさんが言ってた、段落で言うと……。
児童 7段落。
青山 しまうまがお乳だけ飲んでいるのはどれくらい？　見つけたら、黄色で丸つけよう。

―児童、しまうまでも同作業。その後、指名された児童が貼紙の「七日ぐらい」を黄色で囲む―

青山 お乳だけ飲んでるの、しまうまはなんと？
児童 7日ぐらい。

―比較表の「おちちだけ」の下、三段目に「七日ぐらい」と記入―

青山 （カレンダーを示しながら）みんなが入学したのはここでした。その日に生まれたライオンの赤ちゃんは、（カレンダーに緑の線を引きながら、）お乳まだ飲んでます、飲んでます……。ゴールデンウィーク終わって、でも、まだお乳飲んでます。参観日があって、6月頃までお乳だけ飲んでます。
児童 しまうまは？
青山 みんなが入学したときに生まれたしまうまの赤ちゃんは、1週間ですから、みんながおうちの人に教室まで送り迎えしてもらっていた頃までで、お乳だけ飲んでる期間はおしまいです。
児童 早すぎる。
青山 この前、青線は繰り返しの言葉で、そのそばに黄色で必ず違う言葉があるよ、って気がついたね。

解説

食事の成長では、「二か月ぐらい」「七日ぐらい」と、具体的な数値が書かれている。比較の際は、「二か月」は絶対必要と、数値をあやふやにしないことを教えた。ただし、ここでは、「たった七日くらい」の「たった」をおさえ損なってしまった。

One Point

ライオンとしまうまがお乳を飲む期間について、学校行事などの時期を話題に出して説明すると、児童もイメージしやすい。年間カレンダーに線を引きながらこれだけ長いことを示すと、児童の反応がかなり良かった。

青山　今日、確かに青線のそばに違う言葉（「二か月ぐらい」と「七日ぐらい」）がありました。まだ（黄色がついてない）青線あるね。何が残ってる？
児童　「じぶんで〜たべるようになります。」
青山　自分で食べるようになるお話、ライオンとしまうまで違う？　4段落にどのようにして大きくなっていくかの答えがまだあるか、一緒に読みます。

―児童、4段落を音読。比較表の「おちちだけ」の隣に「じぶんでたべる」の観点を赤で記入―

青山　お乳だけじゃ、大きくなっていかないね。自分で食べるようになるまでどれくらいかかってた？

―児童、黄色で囲む作業。その後、指名された児童が貼紙の「一年ぐらいたつと」を黄色で囲む―

青山　1年ぐらい経って、何をするの？
児童　「おかあさんやなかまがするのを見て、えもののとりかたをおぼえ」る。
青山　獲物！？　自分でとるんだね。お母さんが「どうぞ」と言って、食べるわけでは……。
児童　ない。

―比較表の「じぶんでたべる」の下、二段目に黒で「一年ぐらいで、えものをつかまえて、たべる」と記入―

青山　しまうまの赤ちゃんは自分で食べるようには……。
児童　なるけど、どれくらいっていうのは書いてない。
青山　Ｃさん、出てきたほうがいいな。
児童（C）　（貼紙を示しながら）「おちちだけのんでいるのは、たった七日ぐらいのあいだです。」で、「そのあとは、おちちものみますが、じぶんで草もたべます」で、「そのあとは」って書いてあるから。
青山　「そのあとは」って書いてあるけど、何日って書いてないね。「そのあと」は、何日より後？
児童　七日より後。
青山　「七日より後」は、どうするんだっけ、今度は？
児童　自分で草を食べるようになる。お乳も飲むけどね。

解説
「そのあとは」とは、いつより後なのかが文章では書かれていない。こそあど言葉は1年生の学習ではないが、文章から「7日より後」だと読み解いた児童の発言をもとに、「七日よりあと」も表に記述した。具体的な数値の記載の重要性を、ここでも示している。

―比較表の「じぶんでたべる」の下、三段目に黒で「そのあとは（七日よりあとに）（おちちも）草もたべる。」と記入―

青山 （先ほどのカレンダーでの）緑は何の動物かというと……。
児童 ライオン。
青山 ライオンはずっとお乳だけでした。そこから自分で食べるようになるまでは、どれくらいかかる？
児童 1年。
青山 （カレンダーを示しながら）みんなが入学したときに生まれたライオンは、2年生になる頃に……。
児童 自分で獲物をとって食べる。
青山 しまうまの赤ちゃんは、お乳だけは7日。7日過ぎたらお乳も飲むけど、草も食べる。（お乳だけ飲む期間が）長いのはどっちの動物だろう？
児童 ライオン。
青山 ライオン長いね。ライオンの赤ちゃんとしまうまの赤ちゃんの比べっこしてみました。今日やったことは動きじゃない。では、今日やったことはどんなことだろう。
児童 食べる、食べられるようになること。
青山 今回は「食べる」話がここには書いてあった。

―比較表の「じぶんでたべる」の隣に赤で「（たべる）」と記入―

青山 「どのようにして大きくなる」の答えは動きについてだけじゃないんだね。

―問い②の貼物の「大きくなっていく」部分に赤の波線を引く―

青山 自分で食べられないと、いつまでたっても大きくなれない。それで答え②が？
児童 ちょっと多い。
青山 多かったね。答え②が2つもあったね。

―比較表にもう1つ「こたえ②」を記入し、その下に区切り線を引く―

One Point
具体的な数値を確認させる発問をしている。

解説
問い②「どのようにして、大きくなっていくのでしょうか」に対する答えが、「動き」と「食べること」の2観点あったことを比較の最後に確認した。2観点の答えがあることを意識させるため、表にも「こたえ②」を2か所書いている。

3 事例選択の理由を考える

青山 最後は、みんなが問題にしていたこと。
児童 何で2つの動物か。
青山 よく覚えてました。最初から気になってたよね。

―赤字の「なぜ、この二しゅるい？」貼物を掲示―

青山 最初に「どうぶつの赤ちゃん」って言ったとき、象の赤ちゃんとかパンダの赤ちゃんとか、いっぱい出たよね。でも、増井光子さんが書いたのはライオンの赤ちゃんとしまうまの赤ちゃんの説明でした。どうしてだろう？
児童 大好きだから。
青山 まず1つ。増井さんが大好きな動物。
児童 ライオンとしまうまは敵同士。
青山 敵同士。

―「・ますいさんが大すきだから。」「・てきどうしだから。」を板書―

児童 いっぱい同じところがある。
青山 同じことで比べられるからって言ったんだよね。同じことで比べっこしやすい。

―「・くらべやすいから。」を板書―

青山 今、すごくいいこと言ったんだよ。比べるときに同じことがあると比べっこしやすいよね。だってさ、「目と耳」と「おしり」じゃ比べようがないじゃない。

―その後、児童から出た「・みんながよくしっているから。」「・わかりやすい。」を板書―

児童 犬とか猫とかは？
青山 そう。みんながよく知っているとか、わかりやすいとかだったら、犬や猫でもいいんじゃない？

One Point
単元を通して、児童が中心となる問いに関わるような発言をした場合は貼物を作り、毎時活用したり目立たせたりする。

解説
「くちばし」や「じどう車くらべ」と違い、「どうぶつの赤ちゃん」には筆者名が記載されている。「筆者の考えの読み取り」の初期段階として、筆者がなぜこの事例を取り上げたのかの意図を考える活動を行った。

解説
文章に明確に答えが書かれていない問いのため、児童にはなるべく自由に考えさせ、たくさんの発言を引き出すようにした。

第5時 取り上げた事例の関連性を捉える 179

青山　そうすると、他のわけも考えないと、なぜこの２つなのかわからないね。みんな名探偵だから、きっと推理できるんじゃない？
児童　比べやすいからじゃないの？
青山　比べやすいってどういうこと？
児童　上と下で同じことが多いってこと。青（共通の言葉）がいっぱいってこと。
青山　青がいっぱい。そうだねえ。
児童　たぶん、ライオンは食べるほうで、しまうまは逃げるほう。
青山　わかったかな？
児童　なら、「敵同士」っていうのでいいんじゃない？
青山　（板書の「てきどうし」を囲みながら）「敵同士」は、仲が悪いから敵じゃないの？
児童　ライオンはしまうまを食べちゃうの。だから、ライオンがどれだけ強いか言ってから、しまうまが逃げるの速いかを言ったの。
青山　今のを整理すると、ライオンは、こういう動物（しまうま）を食べるとか襲うほうの動物ってこと？

―比較表の２段目に「たべる　おそう」と記入―

青山　じゃあ、しまうまは、食べ……。
児童　られる。
青山　「食べられる」方だし、「逃げる」動物。

―比較表の３段目に「たべられる　にげる」と記入―

児童　ライオンは「食べる」ですごいけど、しまうまは走るのが速いし逃げられるから、しまうまもすごいってことが言いたい。
青山　今のは大人の話？　でも、これはライオンとしまうまの赤ちゃんの話だよね。ライオンの赤ちゃんは、生まれたときは弱々しい。じゃあ、食べられないように逃げなきゃいけないしまうまの赤ちゃんは、生まれたときは……
児童　強い。
青山　今、「強い」って言葉が聞こえてきたね。（しまうまの赤ちゃんは）ライオンの赤ちゃんより？
児童　ちょっと強い。

> 解説
> 児童からその通りの意見が出るのは難しいが、「比べやすい」「敵同士」などの発言を拾い、クラス全体で「食べる―食べられる」の関係性に気づけるよう進めていった。

> 解説
> しまうまは草食動物であり、ライオンである肉食動物から逃げるために成長が早い、ということを、児童の発言をもとに説明している。

青山　いい言葉教えてあげる。ライオンの赤ちゃんのところに「よわよわしい」って書いたでしょ。それに対してしまうまの赤ちゃんは「強い」かと言ったら、ちょっと違うね。そういうときは、「たくましい」っていう言葉を使います。

―比較表の3段目に「たくましい」と記入―

児童　大人になったら、ライオンのほうが強くなるよ。
青山　ライオンの赤ちゃんは、大人になったら強い。しまうまの赤ちゃんは、大人になったら？
児童　弱い。

―比較表の2段目に「おとなになったらつよい」と記入―

青山　「弱い」っていうより、そのまま「食べられるし、逃げなきゃいけない」でいいですか？

―比較表の3段目「たべられる・にげる」の隣に「おとなになったら」を記入―

青山　書き終わったら、こっちを向いてください。「なぜ、この2しゅるい？」の答えが出たね。
児童　（説明が）終わっちゃった。
青山　これでライオンの赤ちゃんとしまうまの赤ちゃんの説明はおしまいです。でも、おまけの？
児童　カンガルーがある。
青山　そうなんです。カンガルーの赤ちゃんの説明を、増井さんが書いてるんです。カンガルーの赤ちゃんの説明には、きっとこんなことについて書いてあるんじゃないか推理ができるかな。隣の人とたくさん挙げてください。

―隣同士で話し合い（約1分）。その後、指名された児童が大きさ、目や耳、お母さんと似ているかどうかなどが書かれているのではないかと発言。教科書p100－p101の前半を見せて確認し、次時はカンガルーの赤ちゃんを扱うことを話した―

> **解説**
> 「弱々しい」の対義語として、ここでは「強い」はしっくりと来ない。語彙指導充実のねらいから、「強い」に似た「たくましい」を紹介して似た意味の言葉の場面に応じた使い分けを学ばせていく。「強い」には戦いに勝てる力があるという語感があるのに対し、「たくましい」には生きる能力が高いという語感がある。

第5時　取り上げた事例の関連性を捉える

子どもの作品

●「ライオンの赤ちゃん / しまうまの赤ちゃん」比較表

Kさん

	ライオンの赤ちゃん	しまうまの赤ちゃん
大きさ	子ねこぐらい	やぎぐらい
耳	とじたまま	ぴんととっている
目	あまりみえていない　あいている	あいている
うごき	じぶんであるけない　三、四日ぐらいたたないうちにじぶんで赤ちゃる	そっくり　たくまし
おちちだけ　じぶんでたべる　（たべる）	おかあさんに　おちちだけ　六か月ぐらい　一年ぐらいで、えものを「つかまえて、たべる」　たべるおそう　おとなになったら	つきの日にはしる　七日ぐらい　そのあとは（七日よりあと）（おちちも）草もたべる　たべられる、にげる　おとなになったら

Mさん

	大きさ	目	耳	おかあさんにあまりにていない	うごき	おちだけ二か月ぐらい	じぶんでたべる	（たべる）	
	答え①				答え②	答え③			
ライオンの赤ちゃん	子ねこぐらい	とじたまま	よわよわしい	じぶんであるけなけない		一年ぐらいで、えものをつかまえてたべる	まえてたべる。	たべる・おそう	おとなになったら　つよい
しまうまの赤ちゃん	やぎぐらい	あいている	ぴんとたっている　たくましい	三十分もたたないうちに自分で立ち上がる　つぎの日走る		七日ぐらい　そのあとは（七日よりあと）	（おちちも）草もたべる	たべられる・にげる	おとなになったら

第6時 学習したことを活用して、他の教材の内容を捉える
― カンガルーの赤ちゃんの生まれたときの様子や成長を読み取る ―

1 本時の概要

　第6時では、まず前時の振り返りとして、ライオンとしまうまの赤ちゃんが選ばれた理由を確認する。
　その後、教科書に補足として掲載されているカンガルーの赤ちゃんの様子を読み取っていく。これまでの２動物の説明を踏まえて段落構成を予想したり、比較の観点を文章から見つけて比較の表にまとめていく。

2 本時の学習目標

- これまでのライオンの赤ちゃんとしまうまの赤ちゃんの説明をもとに、カンガルーの赤ちゃんの説明を予測することができる。
- カンガルーの赤ちゃんの説明について、これまでと同様に観点を見つけながら、他の２動物と比較することができる。

1 前時の振り返り

―前時に作成した比較表の貼物と、「なぜ、この二しゅるい？」の貼物を掲示―

青山　この前勉強してわかった「なぜこの２種類？」っていうのを、ノートにどう書けたか読んでもらおう。Aさん、なぜかというと、どうぞ。
児童　敵同士だから。

―「なぜかというと、てきどうしだから」と板書―

青山　「敵同士」ってBさんが（前時に）言ったんだよね。だけど、みんな「敵同士？」って、よくわかんなかったよね。「敵同士」を詳しく言うと、どうなりますかって言って、書いてみたんだったね。こんなふうに書いてみました。Cさん聞いてみようかな。

> **解説**
> ライオンの赤ちゃんとしまうまの赤ちゃんの関係性は前回読み解いたが、複雑であるためまずは丁寧に振り返りをした。児童は、前時から本時までに両者の関係性についてノートにまとめてきている。

児童 ライオンが大人になったらしまうまを襲うけれど、ライオンは赤ちゃんのときはお母さんに似ていなくてたくましくなくて、しまうまは……。

青山 「たくましくない」ではなく、「弱々しい」って言っておけばよかったね。続けてどうぞ。

児童 しまうまはライオンに食べられるので逃げないといけないけれど、しまうまの赤ちゃんは強い。

青山 そうだね。「強い」とか「たくましい」って言ったんだね。

―その後、他の児童も自分が書いたものを発表する―

青山 「反対に」とか「その反対で」っていうのが入ると、何でこの2つかがよくわかるね。

―「おとなになったらつよいライオンは、赤ちゃんのときはよわよわしい。はんたいに、しまうまの赤ちゃんは、たくましい。ライオンからにげないといけない。」と板書―

青山 「おそう」とか「おそわれる」とか「たべられる」を使って説明してた人もいたね。それもよいです。

> **解説**
> 「たくましい」の反対の言葉として「たくましくない」としている児童もいた。「たくましい」「弱々しい」はなかなか対義語として認識しづらいが、説明を繰り返すことで意識づけさせていく。

> **One Point**
> 比較を説明する文を書く際、「反対に」「その反対で」は使えるようになってほしい言葉である。アドバイスすることで児童の積極的な活用をうながした。

展開

2 カンガルーの赤ちゃんとの比較

―ライオンとしまうまの赤ちゃんの文章全体が書かれた貼物を掲示―

青山 そしたら、おまけのカンガルーの赤ちゃんの説明があったよね。（前時に）ちらっと見てもらったけれど、増井光子さんがカンガルーの赤ちゃんを説明するとしたら、いくつの段落で書いてると思う？

児童 えー。教科書見ていいの？

青山 まだ見ないで予想してもらおう。指出す準備はいいですか？　いっせーの、どん！

> **解説**
> 前時でも筆者が挙げた事例の意図を考察したが、ここでも筆者の名前を出しながら、筆者が展開しそうな説明の段落構成を予測させた。

―児童、指を出す―

青山 3、4、5……2もいるね。わけも説明できますよっていう人……Eさん何本で出してたの？
児童 3。
青山 わけも言える？ じゃあどうぞ
児童 （前に出て説明）ライオンの赤ちゃんとしまうまの赤ちゃんは、2つとも3段落ずつだから。

―4段落、2段落と考えた児童にもわけを話させる―

児童（4段落） これ（ライオンとしまうま）が3段落で、もしかしたらカンガルーのほうが長いかもしれないから、4段落。
児童（2段落） ライオンとかしまうまは、説明が多いかもしれないと思いました。
青山 いくつあるのか、教科書開いて見てみよう。

―児童、教科書を開く―

青山 じゃあ、1ます空いているところに数字「1」って書いてカンガルーの赤ちゃんを読みましょう。みんなで1段落目読んでみます。どうぞ。

―児童、カンガルーの説明の、1段落の1ます下がりに「1」を書いて、1段落を音読―

青山 次（の空いているところ）に「2」って書いたかな。書いたらみんなで読もう。さんはい。

―児童、次の1ます下がりに「2」を書いて2段落を音読。3段落も同様に行う―

青山 何段落だった？
児童 3段落。
青山 そうだね。そしたら、Fさんが……。
児童（F） 「同じところ」を見つけたの。
青山 前は、同じところを何色で線を引いたかな？
児童 青。

> **解説**
> 正解の3段落だけでなく、2や4の段落構成を予測した人も、ライオンやしまうまの赤ちゃんの説明での構成をもとに思考していることがわかる。正解者だけでなく、どの児童もこれまでの学習をしっかりと身につけていることが示された。

青山　前に青で線を引いたようなことがカンガルーの赤ちゃんでも説明されてるということですね。まずは、鉛筆で引いてごらん。

—児童、ライオンやしまうまの赤ちゃんの説明と同じところを探す作業。その間に、新しい比較表（ワークシート）のプリントを配布。表の「ライオンの赤ちゃん」部分に重ねる形で、何も書かれていない貼紙を掲示—

青山　番号と名前を書いてください。動物の名前も。何の赤ちゃんでしたか？
児童　カンガルー。

—新しい貼紙の右端に「カンガルーの赤ちゃん」と記入。ライオンやしまうまの赤ちゃんと同様にワークシートを完成させることを伝える。児童作業—

青山　（比較表上段の観点を示しながら）最初大きさだったね。大きさ書いてあった？
児童　１円玉くらい！
青山　そうだね、たいへん小さいっていうことがわかるのと、それから？
児童　重さ。
青山　（比較表の）いちばん上、先生も書くけど、大きさと、重さもあるんだね。いつも大きさだけじゃあ……。
児童　ない。

—比較表の上段、「大きさ」の下に「おもさ」と赤で記入。その下の段に「たいへん小さい」「一円玉ぐらいのおもさ」と黒で記入—

青山　目と耳とお母さんのところ、自分で書けるかなあ？　見つけて。目と耳なかった？
児童　あるよ。
青山　じゃあ、書いてごらん。目、耳、書けそうだから、書いてみよう。
児童　先生、耳はまだわかりませんって書いてある。

解説
児童の発見を取り上げながら、これまでの２動物の説明との共通の言葉（＝比較の観点）を探す作業へと展開している。

解説
掲示する新たな比較表は、ライオンやしまうまの赤ちゃんと同じサイズである。ライオンの赤ちゃんが書かれていた部分に掲示することで、上段の「観点」や下段の「しまうまの赤ちゃんの様子」を見ることができ、真っ白で戸惑う、ということがないように書き進めることができる。

OnePoint
カンガルーの赤ちゃんの目や耳の様子は、これまでの２動物と同様に説明の中から見つけることができる。ステップアップとして自分で探して書くことをうながした。

第６時　学習したことを活用して、他の教材の内容を捉える　187

青山　では、そう書こう。

—児童、比較表の観点「目」「耳」のカンガルーの赤ちゃんでの記述を考えて書く作業—

青山　Gさん、目と耳についてどう書いてあったか、読んでみてください
児童　「目も耳も、どこにあるのかまだよくわかりません」。
青山　前と同じように両方合わせていい？　両方合わせて、どこにあるのかよくわからない。

—比較表の「目」「耳」観点の下に「どこにあるのかよくわからない」と記入—

青山　「お母さんに」のところはどうする？　書いてないから、開けておく？
児童　ううん。
青山　どういうふうに書いたらいい？

—5、6人が挙手。1名指名—

児童　全然似ていない。
青山　どうして？　証拠は？
児童　絵を見たら、ピンク色だし、小さいし、大人のほうが大きいし、色も違う。

—カンガルーのお母さんと赤ちゃん、それぞれのさし絵を掲示—

青山　たしかに絵が証拠で、全然似ていない。お母さんに似ているか似ていないか、絵のほかに、文を見てわかった人？

—7、8人が挙手—

青山　文を読んでわかったよって言ってる人がいるってことは、今、手を挙げている人は、ここ読めばわかるよという証拠があるのでしょう。Hさん、どこからそう思った？
児童　「カンガルーの赤ちゃんは、生まれたときは、

解説
お母さんと似ているかどうかの観点は、文よりもさし絵のほうが見つけ出すのが易しい。さし絵で考える⇒文から考えるの順で読み取らせた。

　　　　たいへん小さくて、1円玉ぐらいのおもさです。」
青山　Iさんはどこを証拠に思ったの？
児童　「小さくて」。
青山　小さくてっていう文ね。まだここの文からもわかるよっていうの……。Nさんはどこからそう思ったの？
児童　「目も耳も、どこにあるのか、まだよくわかりません。」
青山　お母さんは、目も耳もどこにあるか……。
児童　わかる。
青山　わかります。お母さんは目も耳もわかる。目も耳もどこにあるのかわからないのに、お母さんにそっくり？
児童　そんなことない。
青山　（さし絵では）目は開いてる？　「よくわかりません」ということは、あまり似ていませんというより……。
児童　全然似ていない。
青山　全然似ていない。今まで出てきた中ではいちばん似ていないね。

―比較表の「おかあさんに」の観点の下に「ぜんぜんにていない」と記入。―

児童　これで答え①完成した。
青山　（表の上段を指し示し、）次は、動きが書いてあるかな？　おちちだけのことは書いてあるかな？　自分で食べる話は書いてあるかな？　明日、一気に読もう。

　今後作成する動物図鑑では、一人一人がそれぞれ書くことを説明して終了―

> **解説**
> 「目も耳も、どこにあるのか、まだよくわかりません。」ということは、目や耳がわかるお母さんと全然似ていないと言える。説明に書かれている言葉を言い換えて捉える作業はたいへん高度であるが、児童に考える順序を丁寧に提示しながら理解させていった。

第6時　学習したことを活用して、他の教材の内容を捉える　189

● 子どもの作品

●「どうしてライオンとしまうまの赤ちゃんを取り上げたのだろう」ノートまとめ

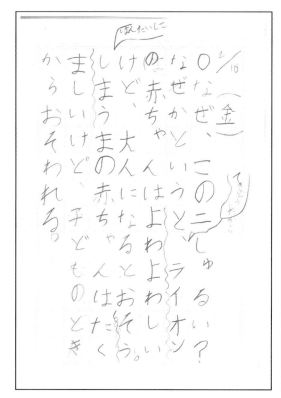

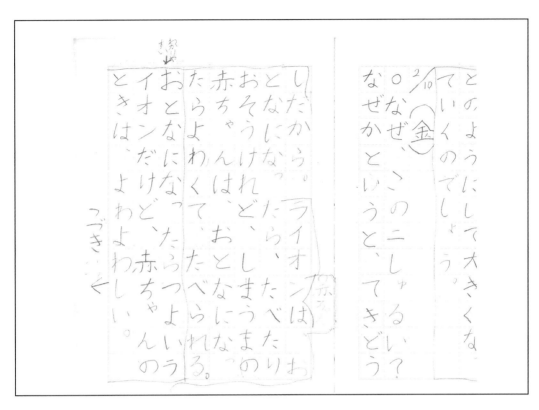
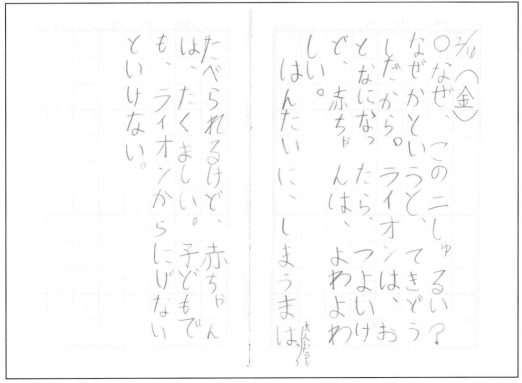

第7時 類似した説明文を比較しながら捉える
―様々な動物の赤ちゃんの説明文を、違いの言葉に気をつけながら読み取る―

1 本時の概要

第7時では、まずはライオンとしまうまの赤ちゃんが選ばれた理由を再度確認する。その後、前時に引き続いてカンガルーの赤ちゃんの比較読みを行う。生まれたときの様子を振り返ったのち、成長の様子を読み取る。

教科書での説明をすべて扱った後、似た文章構成のオリジナルテキストを読み取ることで定着を図る。次時以降の図鑑の作成へとつなげていく。

2 本時の学習目標

- カンガルーの赤ちゃんの説明について、他の動物の赤ちゃんと比較して読み取ることができる。
- これまでの文章構成と似た新しいテキストに触れ、学習してきた経験をもとに読み取ることができる。

1 前時の振り返り

―前時から作成中のカンガルーの赤ちゃんの表を掲示、スクリーンを用意―

青山 昨日のまとめで、なぜこの(ライオンとしまうまの赤ちゃん)2種類かを勘違いしてる人がいて……付け足したのは何だった?

児童 「子どものときから逃げないといけない」。

青山 そうだね。しまうまは、大人になってから襲われるんじゃなく、子どものときからっていうのを入れたらいいよって言ったんだよね。ちょっと書き方が違うけど、Aさんが書いたのをどうぞ。なぜこの2種類?

児童 大人になったら、ライオンは強いけど、赤ちゃんのときは弱々しい。でも、しまうまは、大人のときは逃げるほうだけど、赤ちゃんのときはたくましい。

青山 「大人のときは逃げる」と思っていたけれど、大

解説
ライオンの赤ちゃんとしまうまの赤ちゃんの関係性について、しまうまは「大きくなってから」ライオンに襲われる可能性があるために、赤ちゃんの頃はたくましいと誤って捉えている児童が複数いることが分かった。そう認識されないよう、しまうまが「赤ちゃんのときも」大人のライオンに襲われる可能性があるために成長が早いということを確認した。

人になる前から逃げなきゃいけないって気づいたんだよね。子どもでも狙われてる。だから、(しまうまの赤ちゃんは) 30分も経たないうちに立つんだね。

—スクリーンに、段落番号の入った教科書p100・p101を表示—

青山 昨日、(カンガルーの赤ちゃんの説明が) 3つの段落でできてることを勉強しましたね。1つ目の段落をみんなで読んでください。

—児童、1段落を音読。その後、前時の内容を確認しながら、教科書の「おもさ」「目」「耳」に青線、「たいへん小さい」「一円玉ぐらいのおもさ」「どこにあるのか、まだよくわかりません」に黄色の線を引く—

青山 1段落には、「お母さんに」って言葉は書いてないけど、みんなは絵と？
児童 文。
青山 文からもわかった。どんな文だった？
児童 目も耳も、どこにあるのかわからない。
青山 なのに、お母さんにそっくりなわけが？
児童たち ない。
青山 だから、(前時、表に) 全然似ていないって書いたね。

解説
カンガルーの赤ちゃんの説明も、ライオンやしまうまの赤ちゃんと同じ構成・観点で書かれているのかどうか、ということを念頭に置きながら文章を音読するように伝えた。

= 展開 =

2 カンガルーの赤ちゃんの成長の様子

青山 2段落、前 (ライオンとしまうまの赤ちゃん) は何が書いてあった？
児童 動き。
青山 (カンガルーにはあるか) 確かめてみましょう。

—児童、2段落を音読—

青山 2段落目にカンガルーの赤ちゃんの動きがわかる言葉あった？ あった人は鉛筆で線を引いて。

―児童、教科書に線を引く。机間巡視―

青山 （以前書いた表を見ながら）ライオンは自分で歩けない。しまうまは立ち上がる、走る。こんな動きの言葉、文の中に証拠見つけた？

―指名された児童が前に出て「おかあさんのおなかにはい上がっていきます」に線を引く―

青山 （教科書100ページのさし絵を示しながら）前足ってどこだろう？　お隣さんとここだよって。

―児童、隣同士で話し合い。教科書100ページのさし絵をカードにしたものを掲示し、いろいろな部分を指さして、カンガルーの赤ちゃんの前足がどこかを確認した―

解説
「前足」の語彙を確認して定着させる。隣同士で話し合い、前足はどこかを確認させた。

―表の「うごき」の観点の下に「おかあさんのおなかにはい上がる」と記述―

青山 この赤ちゃんが黄色いマグネットね。赤ちゃん、ちょこちょこ這い上がっていきました（マグネットを101ページのさし絵の上で動かす）。動きがわかることはまだある？

―指名された児童が前に出て「じぶんの力で、おなかのふくろにはいります」に線を引き音読―

青山 こんなに小さいのに、お母さんが手で持って入れないよね。自分の力で上がって、袋に入る。

―表の先ほど記入した隣に「おなかのふくろにはいる」と追記―

解説
教科書p101のさし絵のカンガルーの赤ちゃんはある程度育った状態で、生まれたばかりのカンガルーの赤ちゃんが前足で、お母さんのお腹に「這い上がる」様子は想像しにくい。そのため、マグネットを使用して、赤ちゃんがどのような「動き」をするのかを示した。

青山 まだ文が残ってる。「カンガルーの赤ちゃんは、小さくても、おかあさんのおなかのふくろにまもられてあんぜんなのです。」、これも書いたら？

児童 動きじゃない。

青山 赤ちゃんが動いてるわけじゃないから、ここは黄色で引かなくてもいいね。

―表に区切りの線を引く―

青山 前（ライオンとしまうまの赤ちゃん）は、もう1個答え②がありました。昨日、（共通の言葉を探し出したときに）「おちちをのんで」を見つけてる人いたね。どこにあった？

―児童10名ほど挙手。当てられた児童が、前に出て「おちちをのんで」に青線を引く。その後、まだあるということで、別の児童が「じぶんで草もたべるようになります」に青線を引く―

青山 これをヒントに「おちちだけ」のところ、「じぶんでたべる」のところ、どんなふうに書こうか。みんな、先生のを写すんじゃなくて、自分で黄色線引いた後に書けるかな。

―児童、教科書を探して違いの言葉に黄色の線を引き、表に自分なりの言葉で書く。机間巡視―

青山 Cさんね、「おちちだけ」のところ、ここをヒントに僕は書きましたよって。

―児童、「六か月ほど」に黄色の線を引く。確認のために全員でもう一度3段落を音読―

青山 6か月「ほど」っていうのは、6か月……。
児童 ぐらい。
青山 ぐらいと一緒だね。

―比較表の「おちちだけ」観点の下に「六か月ほど」と記述―

青山 自分で食べるようになるのは書いてなかったね。ということは、6か月？
児童 以上。

―比較表の「じぶんでたべる」観点の下に「六か月いじょうたつと」と記入。さらに、教科書を確認しながら「（おちちも）草もたべる」と記述―

> **解説**
> 教科書から違いの言葉を探し、表に書く作業はかなり定着している。ここでは児童に自分で書くよう促し、自分なりの言葉で書かせる機会を増やすようにしている。観点に沿って、適切な言葉で「書く」学習である。

> **One Point**
> 「ほど」が「〜ぐらい」の意味であり、六か月未満ではなく以上であることを確認した。言葉の言い換えをしながら、語彙を拡充させていく。

第7時 類似した説明文を比較しながら捉える

3 オリジナルテキストの読み取り

―シロクマとパンダの青山図鑑を配布。図鑑には、

「どうぶつの　赤ちゃん」

青山ずかんより

シロクマの赤ちゃんは、生まれたときは、子ねこぐらいの大きさです。目や耳は、とじたままです。からだに、けは はえていますが、おかあさんに あまりにていません。

シロクマの赤ちゃんは、ふゆのあいだは、おかあさんと あなの中で くらします。そのあいだに、からだは 白い けでおおわれ、するどい つめと はもでてきます。目も しっかり 見えるようになります。

シロクマの赤ちゃんは、生まれて三か月ぐらいは、おちちだけのんでいます。六か月ぐらいたつと、おちちだけのんでいますが、えものの とりかたを おぼえます。そして、じぶんでつかまえて たべるようになります。

パンダの赤ちゃんは、生まれたときは、ネズミぐらいの大きさです。目はとじていて、ピンクいろのはだをしています。くろと白の「パンダもよう」はまだありません。

パンダの赤ちゃんは、生まれて一しゅうかんぐらいたつと、かた、目や耳、あしのじゅんに、くろいけがはえてきます。一か月ぐらいたつと「パンダもよう」ができます。二か月すぎると、目もしっかり見えるようになります。三か月ぐらいたつと、はうことができるようになります。

パンダの赤ちゃんは、生まれて 七か月ぐらいは、おちちだけのんで くらします。そのあとは、おちちものみますが、じぶんで竹のはも たべるようになります。

- 1 -

と記載。まず音読をうながした―

青山　青山図鑑、何の赤ちゃんを配ったかというと？
児童たち　シロクマの赤ちゃんとパンダの赤ちゃん。
青山　じゃあ、クイズをします。私は誰でしょうクイズ。ヒント１、私は生まれたばかりのときは、ネズミぐらいの大きさです。

―児童らほぼ全員、一斉に挙手。確認すると、全員がパンダの赤ちゃんで正解していた―

青山　ちょっと早すぎるんだけど、どうしてそんなにぱっと見つけられたの？　Ｂさん。
児童　文に、パンダの赤ちゃんは、生まれたときはねずみぐらいの大きさですって。
青山　１段落だけ見て、すぐわかっちゃったの？　そうか、もうちょっと違う問題にしよう。では、ヒント１、私はお母さんに似ていません。

解説
「生まれたときは〜ぐらいの大きさ」は、これまでの動物の赤ちゃんと同じ形式で書かれた文である。児童たちは、これまでの読み取りをもとに、すぐに答えと特定できる文へとたどり着くことができている。理由もしっかりと答えられている。

―児童ら大半、一斉に挙手するも、10人ほどに減る―

児童　わかった。
児童　引っかかるよ。
青山　わかったよっていう人に一回聞いてみようね。

―指名された3名全員「シロクマの赤ちゃん」と回答―

青山　先生、あまり似ていませんとも、全然似ていませんとも言っていませんね。似ていないものって、今まで勉強したのでどれだった？
児童　ライオン。
青山　ライオンはあまり似てない。カンガルーは全然似てない。シロクマはどうだった？
児童　あまり似ていません。
青山　だめだね、似てないじゃない。パンダは？
児童　書いてないけどわかる。
青山　なんで？　どうしてわかるのか、お隣りさんと話して。

―児童、隣同士で話し合い。机間巡視。パンダが似ていないことがわかる理由を尋ね、1名指名―

児童　目が閉じていて、ピンク色の肌っていうところと、「パンダもよう」はまだありません。
青山　パンダ模様が全然ないのに、お母さんに？
児童　似てるわけがない。
青山　じゃあヒント2、私は生まれて7か月ほど経つと、自分で餌も食べるようになります。

―児童半数ほど挙手―

青山　自分で食べるって、何段落目？
児童たち　3段落目。
青山　お隣さんと、ここに7か月ってあったよね。

―児童、隣同士で話し合い―

青山　答えわかった人？　大きな声で言って。
児童たち　パンダの赤ちゃん。

解説
2つ目のクイズのヒント1では、「似ていない」と曖昧な表現にしている。「あまり」とも「全然」とも読み取れるので、候補はいくつか挙がり特定できないことを確認した。

解説
ヒント2では、3段落目を読めばよいことを指摘させ、段落の役割を確かめた。情報読みの基礎となる。また、具体的な数値を挙げ、似たような言葉が並んでいても、数値に着目すれば読み解けることをクイズ感覚で実感させた。

第7時　類似した説明文を比較しながら捉える　197

子どもの作品

●「カンガルーの赤ちゃん」表まとめ

Kさん

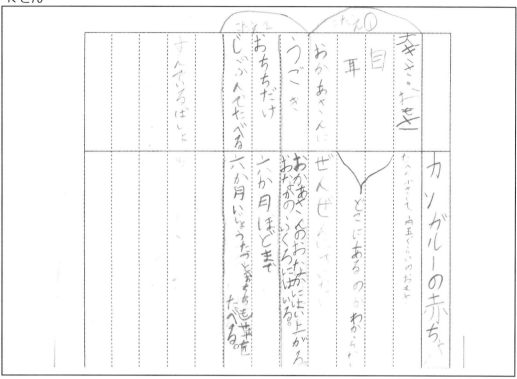

Lさん

Oさん

カンガルーの赤ちゃん

大きさ・おもさ	酔いへんちいさく どこにあるのか
目	よくわからない
耳	おかあさんにぜんぜんにてない
うごき	おかあさんのおなかに はい上がる。おなかのふくろに入る。
こたえ③ おちちだけ	六か月ほど じぶんでたべる（たべる）
こたえ③	六か月いじょうたつと （はっぱや草もたべる）

Pさん

カンガルーの赤ちゃん

大きさ・おもさ	たいへん小さくて、一円五ぐらいのおもさ どこにあるのか わからない
目	わからない
耳	おかあさんにぜんぜんにてしない
うごき	おかあさんのおなかに、はい上がる。おなかのふくろにはいる
こたえ② おちちだけ	六か月ほど じぶんでたべる（たべる）
こたえ②	六か月よりあと （おちちも）草もたべる すんでいるところ

第7時　類似した説明文を比較しながら捉える　199

第8～10時 構成や述べ方を意識して説明文を書く
―調べたことをもとに、書き方を意識しながら自分なりの「どうぶつの赤ちゃん図鑑」を作る―

1 本時の概要

「どうぶつの赤ちゃん」第8～10時では、これまで学習してきた文章形式や比較の観点をもとに、「動物の赤ちゃん図鑑」を作成する。

まずは児童が自分で調べたり、本や映像で見た動物の赤ちゃんの情報を比較表（ワークシート）に書き込む。書いた内容をもとに、どの段落にどの観点を書くかの文章構成や、わかりやすい表現に気を配りながら説明の下書きをする。下書きを添削した後に清書し、図鑑を作成していく。

2 本時の学習目標

- 調べて得た情報を、図鑑を作成するためのワークシートに当てはめることができる。
- 構成を意識しながら、わかりやすい表現で文章を書くことができる。

導入～展開

1 図鑑を書くための準備

―第8時の最初では、文章全体の貼紙、比較表（1段目は観点、2段目はカンガルーの赤ちゃん、3段目は白紙）を掲示。〈「どうぶつの赤ちゃんずかん」をつくろう。〉と板書―

青山 今日は、これからみんなが調べたい動物の赤ちゃんを、ここ（空白部分）に書いていきます。まず何の赤ちゃんかを書くんだね。その後、教科書と同じように書けたら、かっこいいなあ。教科書はいくつの段落でできてた？

児童 3段落。

青山 3つの段落で説明ができてたら、教科書の増井さんの図鑑みたいだね。大きさとか重さがわかったら、ここ（比較表の「大きさ・おもさ」観点の下）に書けばいい。目や耳が見つからなかったら？

児童 絵。

解説

他の種類についても3段落構成にリライトしたプリントを複数作成してあったが、児童が調べるものと重なってしまうため、提示しなかった。本教材で獲得した〔読み方〕の活用場面として、クイズを単元終末の言語活動に設定するのであれば、より多くのリライトプリントを使用するとよい。

解説

児童には、事前に動物のリストが書かれた用紙を配り、この中から図鑑として書きたい動物の赤ちゃんを選んでくるよう伝えている。

青山　絵とか写真を見てわかれば、書けますね。写真を見てもわからなかったら、空けとくしかないね。お母さんに似てるか似てないかは……。
児童　絵。
青山　これも絵とか写真があれば書けるよね。で、問題があったね。動きがわかるときと、模様が変わっていく様子がわかるときがあったよね。赤ちゃんのとき全然模様がなかった動物は、何でしたっけ。
児童　パンダ。

―比較表の上段の観点、「うごき」の隣に緑で「もようのようす」と記入―

青山　そう。パンダはだんだん模様が変わってくるよね。動きや模様が変わっていく様子がわかれば、ここ（比較表の「うごき」「もようのようす」観点の下）に書けます。
青山　3つ目は？
児童　食べる話。
青山　そう。いつぐらいまでお乳を飲んでるのか、何か月ぐらいになったら自分で餌を取ることができるのかがわかったらここ（比較表の「おちちだけ」観点の下）に書けます。
児童　（書きたい動物の赤ちゃんが）住んでいる場所もわかったんだけど、それも書いていいの？
青山　住んでいるところとか他にわかったことがあったら、空いているところに書いておいて、後でどこの段落に入れたらいいか考えよう。いきなり文章に書いて失敗しちゃうといけないから、まず、ワークシート（比較表）にわかることを書いていきます。これが1つ目にすること。

―「①ワークシートにわかることをかきこむ」と板書―

青山　2つ目にすること。（書き込んだ内容の掲載順について）「僕は最初がいいと思う」「私は最後がいいと思う」のように考えて、他のわかったことも入れながら、下書きを書きます。

解説
自分で図鑑や本を使って調べるため、必要な情報が見つからないこともある。そのようなときにどうすればよいかを事前に説明しておく。絵や写真を見てわかることも大事な情報である。

解説
児童が図鑑を作る際に最初に書くワークシート（比較表）は、カンガルーの赤ちゃんのときに配ったものをそのまま使用させている。1段目に観点、2段目にカンガルーの赤ちゃんの説明がまとめられていて、3段目の空欄部分に書いていく。全く白紙のワークシートで取り組ませると、まず何の観点があっただろうか……などと児童が戸惑い、取り組みが遅くなってしまう。これまで使っていたものを引き続き使用することで、観点を新たに書く必要がなく、以前に書き込んだ例を見ながら書くことができ、書きたい動物の赤ちゃんの要素をすぐに書いていくことができる。

―「②下がきをかく」と板書―

児童　そしたら、3段落じゃなくなっちゃうかもよ？
青山　4段落になってもいいよ。下書きは先生に見せます。これ、下書き用紙。

―下書き用紙を児童に見せる―

児童　写真を切って貼ってもいいの？
青山　絵は下書きのときには描かなくていいです。だって、写真を下書きのときに貼っちゃったら、本番のとき困るでしょ？　文だけ書きます。文章の最初に「○○の赤ちゃん」って書いて、自分の名前も書きます。下書きは、先生に見てもらうときに、いくつの段落で書いたのかなっていうのがわかるように段落の番号を書いてください。例えば、ここ（文章全体の貼物を示しながら）が何段落目？
児童　1。
青山　そう。ここ（説明の1段落目）に①と一番上のます目に書いてください。後は空けないでずっと続けるんだよ。2つ目の段落のときに②、3つ目の段落のときに③って書きます。わかりました？

―文章全体の貼物の段落部分に、①、②、③と記入―

青山　先生が下書きを見たとき、「この人は3段落で書いた。この人は真ん中（動きの成長）が見つからなくて、2段落の文になったな」というのがすぐわかります。
児童　どういうところで段落の文字を下げればいいですか？
青山　いい質問です。まず答え①になっている、大きさや重さ、目、耳、お母さんに似ているかとか、生まれたばかりのときの様子について書くのは①。答え②の動きは②。最初に住んでるところの話を書くんだったら、住んでるところで①、生まれたばかりの様子のところが②。その後の動きとか模様の様子が③、食べることが④っていうふうになります。

解説
内容だけでなく文章構成を意識しながら書くことに目を向けてもらうため、「下書き」では何段落に何を書くのかを考えさせることを重要な作業として説明している。

児童　でも、短いな。
青山　短くても1つの段落にしていいよ。まずは自分一人で（ワークシートを）埋めてみよう。書いた後で（友達と）相談タイムをとってもいいです。ここまでいいですか？　では、どうぞ。

—児童、図鑑づくり開始。机間巡視をしながらアドバイスをする—

青山　2つだけ付け足しをします。今ね、こんな質問がきました。「先生、大きさじゃなくて、重さじゃなくて、長さとか高さって書いてあるのもあります。」って。

—比較表の観点「大きさ」「おもさ」の隣に「ながさ」「たかさ」と追記—

青山　それから、重さで「100グラム」は算数のときはこう（算用数字で）書くけど、国語は縦書きなので、「百グラム」と書きます。「45センチ」と書いてあったら、「四十五センチ」。

—「100g→百グラム」「45cm→四十五センチ」と板書—

青山　2つ目の付け足しです。「45センチって言われても、みんなによくわからない。どのくらいですか」って質問されました。「机でいうと、ここまでですよ」っていうように、「45センチ」の後に「○○ぐらいの大きさです」って付け足してあげたら、読む人にわかりやすいなあ。

—「（〜ぐらい）」と板書。児童、引き続き作業—

児童　（文章の最初に）「○○の赤ちゃんは」は書かないといけないの？
青山　「○○の赤ちゃんは」ってきちんと書かないと、みんながそれぞれ違う赤ちゃんの文章を書いているから、何の赤ちゃんかわからないよね。

—児童、引き続き作業—

> **One Point**
> 児童一人一人に書く力をつけさせたいため、まずは一人で書かせる。他者の目の推敲は必要であるので、人と相談するのは自力で書いた後、という段階を踏ませる。

> **One Point**
> 読者にわかりやすい表現を考えさせる。読者を想定して文章を書くことを意識させる。

青山　Aさん、1段落だけ読んで下さい。

児童　「ハムスターの赤ちゃんは、生まれたときは1円玉ぐらいの重さです。目は閉じていて、耳はねています。赤ちゃんは小さくて、お母さんにあまり似ていません。」

青山　すばらしい！　増井さんみたい。ここに写真があったら、みんなによくわかる「ハムスターの赤ちゃん図鑑」になりそうですね。

2　構成を意識した文章づくり

―次の第9時も、動物の赤ちゃんの映像を見るなど資料を提示しながら、図鑑づくりを行った―

青山　下書きを青山先生に見せて、合格した人が書く清書用の紙を用意しておきました。少し厚い紙で、題名の、最初のかぎ（「）だけ書いてあります。動物の名前によって、長いのと短いのがあるから、おしまいのかぎ（」）は自分で終わったところに書いてください。

―「○○の赤ちゃん」と、書き方を板書しながら提示―

青山　名前を書く欄は、四角を作っておきました。1枚で書ききれなかったら、2枚目はます目だけのものを用意してあるので、言ってください。段落の番号を忘れないように書いてください。下書きの段階で見せてもらいます。

> **解説**
> 児童へのアドバイスとして、大きさや重さなどをわかりやすく示すための、「450キログラムはお相撲さん3人分ぐらいだね」「20センチは、1年生の上履きのサイズぐらいだね」といった具体例の紹介や、相手に伝わりやすくなるための書き方の提示、資料を一緒に見てどこに動きや食事が書いてあるかの確認などをしている。

―児童、引き続き作業。児童に対して各段落に入れる内容や書き方のアドバイスを行う―

青山　もう下書きに入った人、段落の初めに「○○の赤ちゃんは」を書くのを忘れないように。特に2段落、3段落と忘れやすくなるから気をつけてね。

―次の第10時も、引き続いて図鑑作成の作業。比較表や問いの貼物を掲示し、図鑑づくりに必要なものを用意しておくように板書した―

青山　今日、もう1人清書ができた人がいて、預かっています。

―児童Bの清書を見せる―

青山　（段落を）①、②、③って下書きでは書くけど、Bさん、清書のときは、①、②、③は書かずに1ます空けでやっています。ちゃんと書けているので、清書で困ったときにはBさんのを、見てください。

―児童Bの清書を掲示―

One Point
文章構成や表現へのアドバイスだけでなく、脱字や誤字などの指摘も行った。特に動物の名前などかたかなで書くものが多いため、ひらがなで書くべきところをかたかなにしてしまうなどのミスがあったため、丁寧に指導した。

青山　では続きどうぞ。

―児童、引き続き作業。児童の下書きを確認して添削やアドバイスをする―

青山　えー（添削を）待っている人ね、先生今ここで同じこと言ってるんだけど、①って何のこと書いてある？
児童　大きさ。目。耳……。
青山　生まれたばかりのときの様子だよね。②はどんなこと書いてあったんだっけ？
児童　動き。
青山　動きとか、模様の様子。
児童　どのようにして大きくなるのか。
青山　そう。で、3つ目が？
児童　お乳。
青山　お乳だけとか、自分で食べるとか、何の話？
児童　食べる話。
青山　待っている間に、お隣さんに読んでもらって、①が生まれたばかりの大きさとか様子、②動き、③食べる話になってるかどうか、見てもらってごらん。

One Point
読む際は意識できていることでも、自分で書いてみると各段落には何を書くかが徹底できなくなってしまう。児童同士の回し読みで間違いを指摘し合うなどして、文章構成への意識を高めさせる。

―引き続き図鑑づくりの作業を行い、後日それぞれの動物図鑑を完成させた―

● 子どもの作品

●「オリジナル贓物図鑑」表まとめ

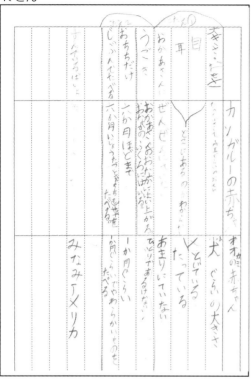

Pさん

こたえ②　　こたえ②　　こたえ①

	カンガルーの赤ちゃん	シマリスの赤ちゃん
大きさ・おもさ	たいへん小さくて、一円玉ぐらいのおもさ	一円玉三まいぐらいのおもさ（三グラムほど）
目	どこにいるのか わからない	とじている
耳		
うごき		
おかあさんに	おかあさんにぜんぜんにていない おかあさんのおなかに はい上がる。 おなかのふくろにはいる	ぜんぜんにていない 生まれて2しゅうかんぐらいで せ中じゅうにうっすらと しまもようが出てくる
おちちだけ じぶんでたべる （たべる）	六か月ほど 六か月よりおと おちちも（草も）たべる すんでいるところ	ち下、トンネルをほってくらす しょくもつのみなど ふゆはち下のすあなですごす とうみん

3　ナかしします。

授業を終えて

　三つの単元を振り返り、成果と課題を述べる。まず、成果として次の4点が挙げられる。

①〔問い〕の文を見つけ、それに対応する〔答え〕を読み取っていくという【読み方】については、繰り返し学習したことにより、全員に定着させることができた。

②「くちばし」の『クイズブック』に始まり、三つの単元はいずれも単元終末に図鑑づくりという言語活動を設定したが、同じ言語活動の繰り返しは1年生には適していた。同じ活動の繰り返しでは飽きるのではないかと心配したが、最後の単元まで意欲的に取り組んだ。その要因としては、言語活動を目的に掲げたことで何をするのか捉えやすく、意欲を喚起しやすいこと。最初の「くちばし」で達成感や満足感を得ることができたことから、同様の活動をしたがったこと。必要な情報の取り出し方や再構成の仕方など、それぞれの段階ごとに手立てを講じたこと。読み手から付箋のコメントをもらうなど、交流を楽しみに活動できたこと、などが考えられる。

③これまで、「じどう車くらべ」で、〈しごと〉と〈つくり〉の関係性の理解でつまずく子どもが多い実態があった。そこで1学期の「くちばし」で因果関連の【思考】の布石を打ったところ、今回は『じどう車図鑑』を書く際に、ほとんどの子どもが〈しごと〉をするのに必要な部分を選んで〈つくり〉に書くことができた。因果関連の思考は難易度が高いため、「そのために」という言葉を使ってリライトした資料教材も理解の助けとなったと推察される。「じどう車くらべ」の学習までに5か月も間が空いたが、「そのために」という言葉で二つの事柄の関係性を想起することができた。

④学習者の思いに沿って単元を構想したことで、子どもにとって無理のない単元展開となったと考えられる。子どもは、はじめは知的好奇心から書かれている内容を読み取る。ある程度内容が分かったところで、単元終末の書く活動を意識すると、「書くために読む」読み方へと変化する。文章の構成や書き方、真似できそうな表現などを読み取る。一つの単元の中でも、子どもの知りたい情報が変わっていくことに合わせた展開が学習者主体の学びとなる。

　課題としては、「どうぶつの赤ちゃん図鑑」を書く際の資料が多種多様で、十分に対応できなかったことが挙げられる。指導者が準備していた図鑑に加え、インターネットで得た資料や一般の図鑑、映像資料など多岐にわたった。資料から情報収集し、再構成するためにはより細かい手立てが必要であった。また、「どうぶつの赤ちゃん」の学習中はインフルエンザによる欠席が多く、毎時間の導入で、前時に欠席していた子どもたちへの充当を図る必要があり、前時の展開を繰り返さなければならなかった。そのため、展開部分で、じっくり中心課題について検討させる時間が限られてしまった。

　以上の単元実践から、年間を通して【読み方】【思考】【言語活動】のつながりを意識し、関連付けながら単元を構想することが有効と思われる。それはまた、スパイラルな学びの実現の条件でもある。

著 者 紹 介

青山 由紀（あおやま ゆき）

筑波大学附属小学校教諭。
東京都出身。筑波大学大学院修士課程修了。聖心女子学院初等科教諭を経て現職。日本国語教育学会
常任理事。全国国語授業研究会理事。光村図書小学校『国語』教科書編集委員。光村図書小学校『書写』
教科書編集委員。明確な授業理論に基づきながらも、実際の授業に取り入れやすい、子どもの思考に
寄り添った具体的でわかりやすい実践提案に定評がある。

【監修】

・『小学館の子ども図鑑　プレNEO　楽しく遊ぶ学ぶ　こくごの図鑑』小学館、2009年
・『おぼえる！学べる！たのしい四字熟語（楽しく学べるシリーズ）』高橋書店、2012年
・『ただしくつかおう　ことばづかい』小学館、2013年
・『オールカラー マンガで身につく！ことわざ辞典（ナツメ社やる気ぐんぐんシリーズ）』ナツメ社、2016
　年
・『しっているかな？　きせつのことばとぎょうじ』小学館、2017年
・『オールカラー 楽しみながら国語力アップ！マンガ 漢字・熟語の使い分け（ナツメ社やる気ぐんぐんシリー
　ズ）』ナツメ社、2017年
・『オールカラー マンガで身につく！四字熟語辞典（ナツメ社やる気ぐんぐんシリーズ）』ナツメ社、2016
　年
・『きれいな字になる！ことばであそぶ ひらがな練習帳』 朝日新聞出版、2018年

【単著】

・『話すことが好きになる子どもを育てる（国語実践ライブラリー）』東洋館出版社、2001年
・『調べ学習を深める言葉　研究レポートの書き方』学事出版、2003年
・『子どもを国語好きにする授業アイデア』学事出版、2005年
・『板書でわかる国語 教科書新教材の授業プラン小学校4年』東洋館出版社、2011年

【共著】

・『まんがで学ぶことばあそび』国土社、2007年
・『白河発 問題解決的な学習と考える力―12の視点で国語授業をつくる』東洋館出版社、2010年
・『古典が好きになる―まんがで見る青山由紀の授業アイデア10』光村図書出版、2013年
・『板書　きれいで読みやすい字を書くコツ』ナツメ社 、2013年
・『筑波発　読みの系統指導で読む力を育てる』東洋館出版社、2016年
・『光村の国語 この表現がぴったり！にていることばの使い分け〈1〉気持ちを表すことば』光村教育図書、
　2016年
・『光村の国語 この表現がぴったり！にていることばの使い分け〈2〉性格や特徴を表すことば』光村教育図書、
　2017年
・『光村の国語 この表現がぴったり！にていることばの使い分け〈3〉動作や思考を表すことば』光村教育図書、
　2017年
・『「資質・能力」を育成する国語科授業モデル（小学校新学習指導要領のカリキュラム・マネジメント）』
　学事出版、2017年

他執筆多数。

青山由紀の授業
「くちばし」「じどう車くらべ」
「どうぶつの赤ちゃん」全時間・全板書

2018（平成 30）年 6 月 22 日　初版第 1 刷発行

著　者：**青山 由紀**
発行者：**錦織 圭之介**
発行所：**株式会社 東洋館出版社**
　　　　〒 113-0021 東京都文京区本駒込 5 丁目 16 番 7 号
　　　　営業部　電話 03-3823-9206　FAX 03-3823-9208
　　　　編集部　電話 03-3823-9207　FAX 03-3823-9209
　　　　振替　00180-7-96823
　　　　URL　http://www.toyokan.co.jp
編集協力：**株式会社 あいげん社**
デザイン：**小林亜希子**
印刷製本：**藤原印刷株式会社**

ISBN978-4-491-03529-1
Printed in Japan

JCOPY　〈（社）出版者著作権管理機構 委託出版物〉

本書の無断複写は著作権法上での例外を除き禁じられています。複写される場
合は、そのつど事前に、（社）出版者著作権管理機構（電話 03-3513-6969、
FAX 03-3513-6979、e-mail: info@jcopy.or.jp）の許諾を得てください。

大好評！カリスマ教師 × 定番教材シリーズ

説明文における【読み方】と【思考】の系統的な指導の決定版

青山由紀の授業

「くちばし」「じどう車くらべ」「どうぶつの赤ちゃん」全時間・全板書
本体価格2,400円＋税

「ウナギのなぞを追って」全時間・全板書
本体予価2,000円＋税　近日発売!!

「『鳥獣戯画』を読む」全時間・全板書
本体予価1,800円＋税　近日発売!!

NEW

物語の「自力読み」集大成の学び

二瓶弘行の授業

「海のいのち」全時間・全板書
本体価格2,000円＋税

国語の問題解決学習の真髄

白石範孝集大成の授業

「モチモチの木」全時間・全板書
「ごんぎつね」全時間・全板書
「やまなし」全時間・全板書　本体価格　各1,850円＋税

がんばる先生を応援します！　**東洋館出版社**

〒113-0021　東京都文京区本駒込5丁目16番7号
TEL: 03-3823-9206　FAX: 03-3823-9208
URL: http://www.toyokan.co.jp